【부 록】

ひらがな 쓰기연습 カタカナ

ひらがな

[아]	[이]	[우]	[에]	[오]
あ	い	う	え	お

[카]	[키]	[쿠]	[케]	[코]
か	き	く	け	こ

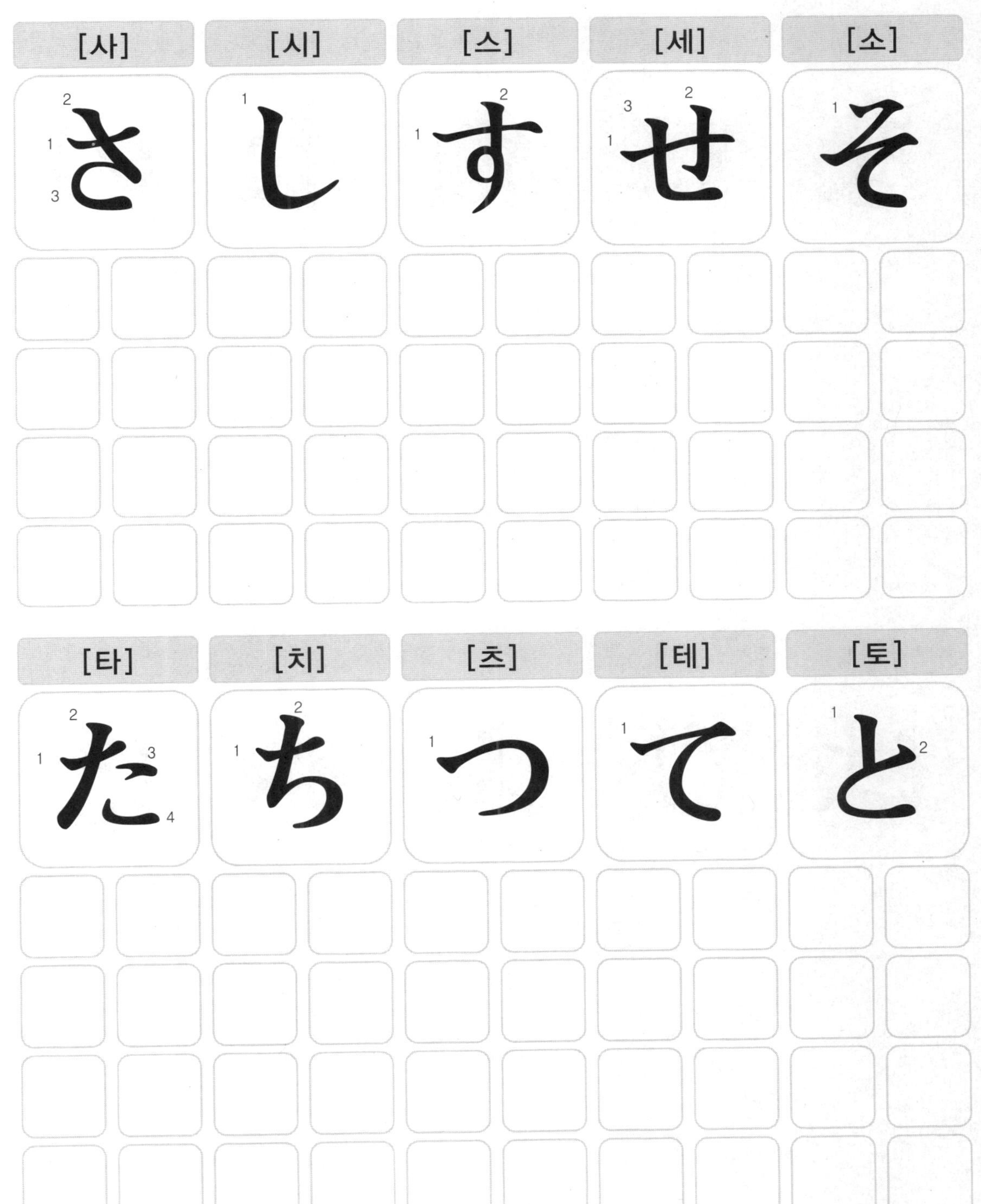

[사]
[시]
[스]
[세]
[소]
さ
し
す
せ
そ
[타]
[치]
[츠]
[테]
[토]
た
ち
つ
て
と

[나]	[니]	[누]	[네]	[노]
な	に	ぬ	ね	の

[하]	[히]	[후]	[헤]	[호]
は	ひ	ふ	へ	ほ

[마]
[미]
[무]
[메]
[모]
ま
み
む
め
も
[야]
[유]
[요]
や
ゆ
よ

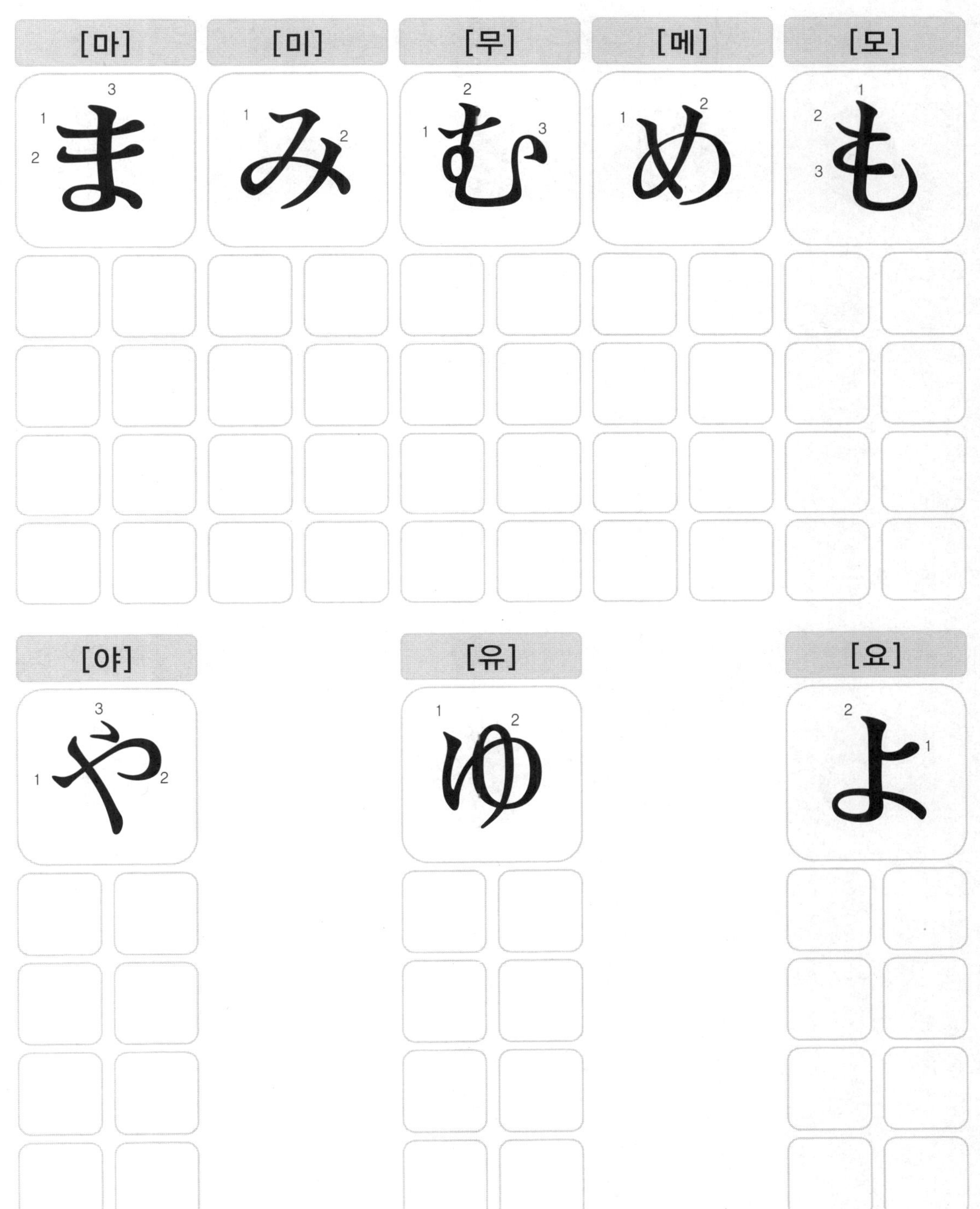

ひらがな

[라]	[리]	[루]	[레]	[로]
ら	り	る	れ	ろ

[와]	[오]	[응]
わ	を	ん

[아]	[이]	[우]	[에]	[오]
ア	イ	ウ	エ	オ

[카]	[키]	[쿠]	[케]	[코]
カ	キ	ク	ケ	コ

[사]	[시]	[스]	[세]	[소]
サ	シ	ス	セ	ソ

[타]	[치]	[츠]	[테]	[토]
タ	チ	ツ	テ	ト

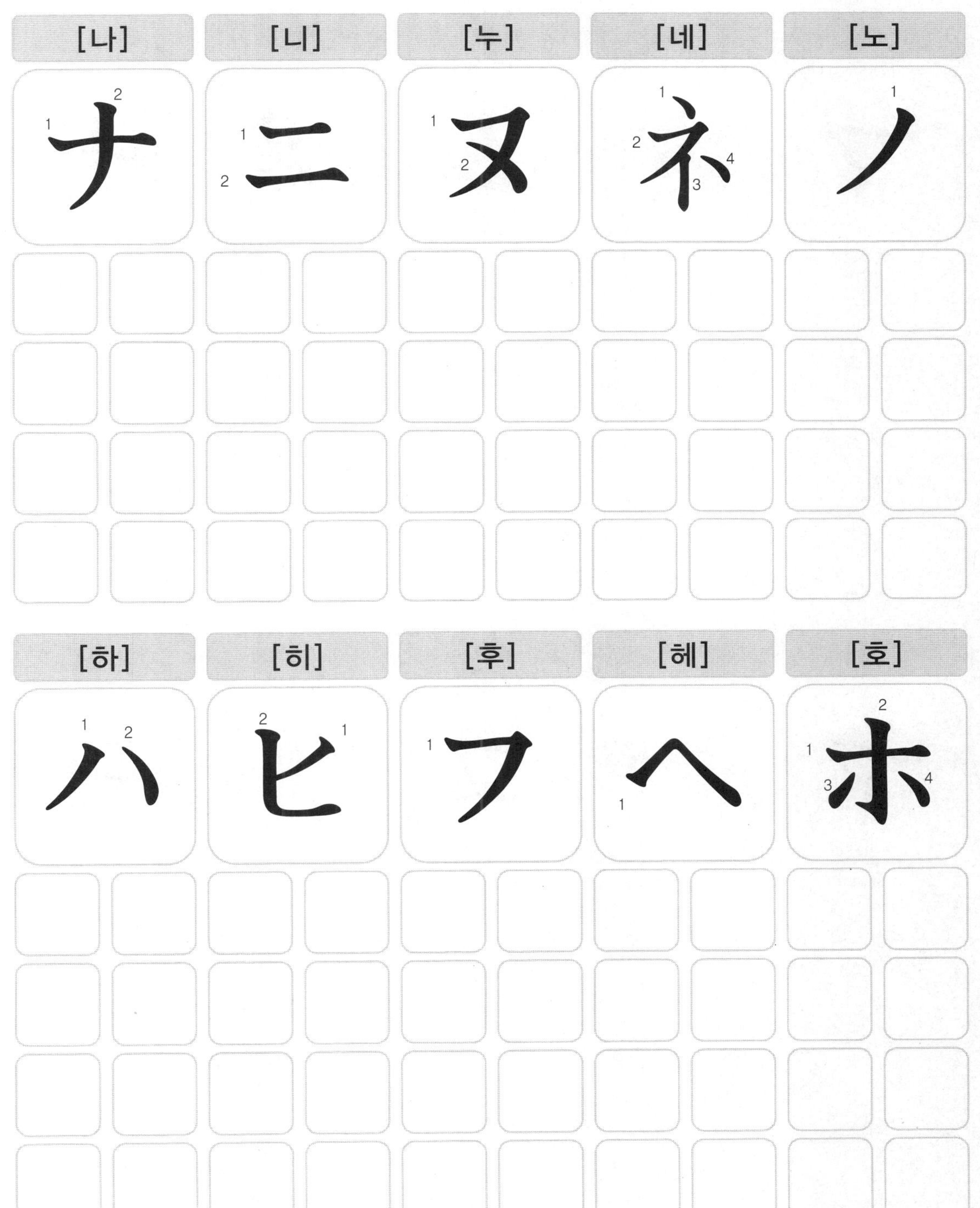
[나]
ナ
[니]
ニ
[누]
ヌ
[네]
ネ
[노]
ノ
[하]
ハ
[히]
ヒ
[후]
フ
[헤]
ヘ
[호]
ホ

カタカナ

[마]	[미]	[무]	[메]	[모]
マ	ミ	ム	メ	モ

[야]	[유]	[요]
ヤ	ユ	ヨ

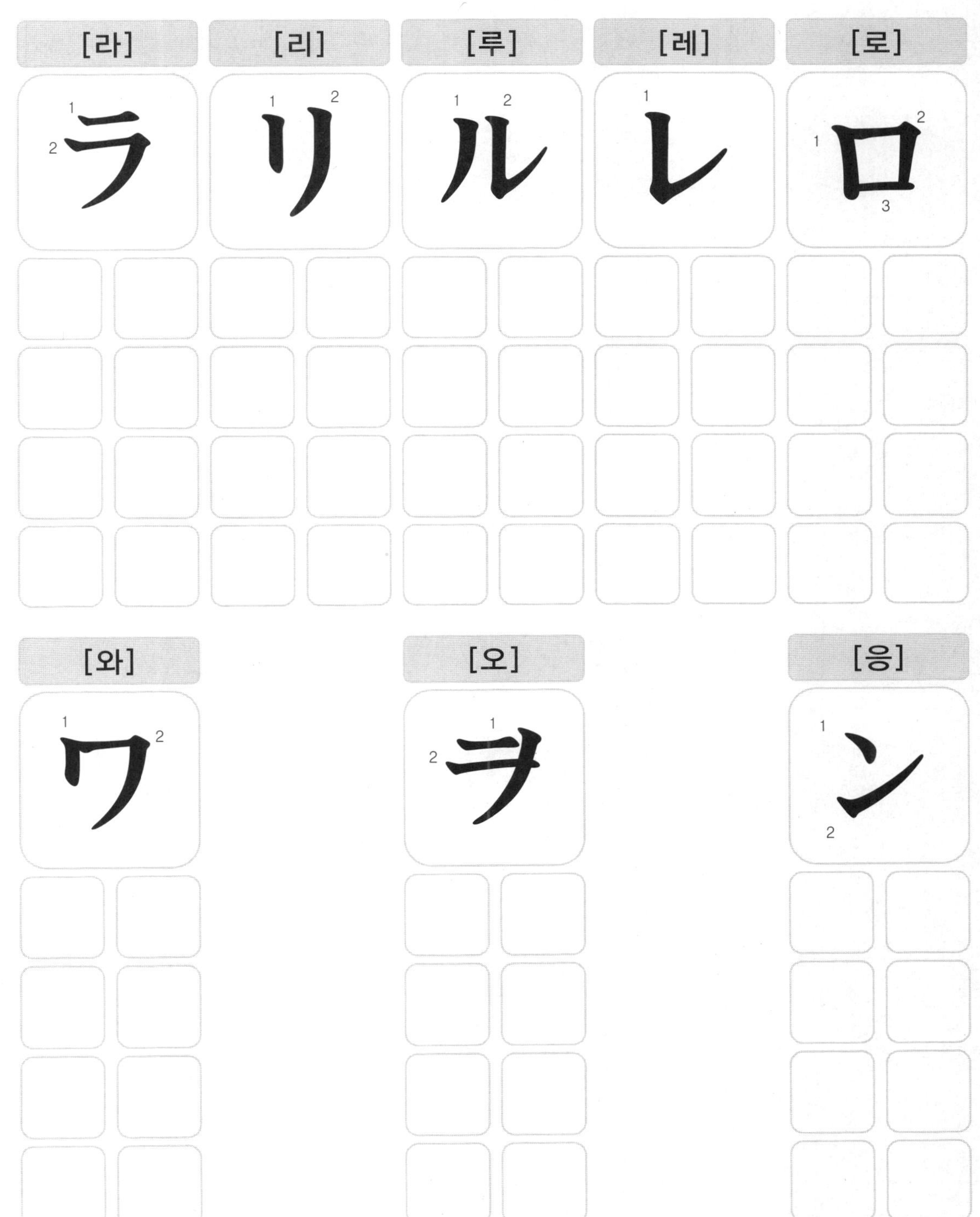

[라]
[리]
[루]
[레]
[로]
ラ
リ
ル
レ
ロ
[와]
[오]
[응]
ワ
ヲ
ン

초급 일본어 길라잡이

임명수 · 차일근 · 최석완 · 이마이 히사요시
하세가와 유미 · 하야시 토모코 **공저**

어문학사

집필자

임명수
일본 도호쿠대학 대학원
대진대학교 일본학과 교수

차일근
일본 메이지대학 대학원
대진대학교 일본학과 교수

최석완
일본 도쿄대학 대학원
대진대학교 일본학과 교수

이마이 히사요시
일본 쯔쿠바대학 대학원
대진대학교 일본학과 교수

하세가와 유미
한국 고려대학교 대학원
대진대학교 교양과 교수

하야시 토모코
일본 미야기학원여자대학 대학원
대진대학교 일본학과 교수

이 책으로 공부할 여러분께

　일본어 학습자들은 누구나가 짧은 시간에 일본어로 말하고 싶어 합니다. 그리고 최근 외국어교육에 회화능력을 판단하는 시험이 많아졌습니다. 본 학습서는 이러한 점들을 염두에 두고 일본어 회화학습 중에서, OPI(Oral Proficiency Interview) 구두능력시험(초급ㆍ중급입문) 수준을 충족시킨다는 목적에서 만들어졌습니다.

　OPI 판정기준 초급 수준은 평상시의 인사말, 기초적인 대화 등 정해진 표현이 구사 가능한 정도입니다. 그리고 중급 수준은 'Creat with Language', 즉 자신이 가지고 있는 언어능력을 구사할 수 있는 정도를 말합니다.

　본서는 상황을 묘사한 문형에 맞추어 기억하자에 나오는 단어들을 조합하고, 나아가 이야기해 보자의 과제에 도전하여 학습자의 회화능력을 키워나갈 수 있도록 구성되어 있습니다. 처음에는 단편적인 단어만 말하는 수준에 그쳤던 회화도 본 학습서의 내용대로 꾸준히 연습해 나간다면, 점차 문장을 듣고 말할 수 있는 수준으로 발전하여 간단한 질문과 대답하는 것이 가능하게 되며, 점차 일본어에 더욱 재미를 느끼게 될 것입니다.

　틀리는 것을 두려워 말고 우선 말을 해 보는 것이 중요합니다. 처음에는 정해진 인사밖에 못했던 일본어회화가 간단한 의견을 주고받는 수준으로, 나아가 목적이 있는 회화 수준으로 발전하게 될 것입니다.

　아무쪼록 이 책을 통해 일본어 학습자 여러분들의 일본어 능력이 향상되기를 바랍니다.

　덧붙여, 본 학습서를 교재로 채택한 분(교사)은 가능한 한 연습하자와 이야기해 봅시다에 보다 많은 중점을 두고 수업을 해 주시기 바랍니다. 단어나 문법에 얽매이지 않고 학습자가 회화를 통하여 각 장의 과제를 충분히 소화할 수 있도록 지도해 주시기를 부탁드립니다.

2009년 9월

저자일동

목차

이 책의 주인공, 김운재 씨는 한국의 한진대학 2학년입니다. 지금은 일본에서 유학 중입니다. 김 씨는 국제교류 파티에서 회사원 나카다 유카 씨와 서로 알게 되었습니다. 그리고 나카다 씨와의 대화를 통해 일본에 대한 것과 나카다 씨에 대해 조금씩 알게 되었습니다. 또한, 나카다 씨의 친구인 마츠이 타카시 씨, 김 씨가 다니는 학교의 모리 선생님도 등장합니다.

김운재

나카다 유카
中田由香

마츠이 타카시
松井高志

모리 선생님
森先生

文字と発音・あいさつの表現
문자와 발음・인사표현

○1 ひらがな・カタカナ 히라가나・가타카나

「きょう、ビートルズのＣＤを2,000円で買いました。」

이 문장과 같이, 일본어는 보통 히라가나・가타카나, 그리고 한자로 구성되어 있다. 또한, 기호는 쉼표「、」와 마침표「。」가 사용된다. 외래어나 의성어는 가타카나로, 조사는 히라가나로 표기하지만, 그 외는 히라가나와 한자로 표기한다.

ひらがな 히라가나

	あ행	か행	さ행	た행	な행	は행	ま행	や행	ら행	わ행
あ단	あ	か	さ	た	な	は	ま	や	ら	わ ん
い단	い	き	し	ち	に	ひ	み		り	
う단	う	く	す	つ	ぬ	ふ	む	ゆ	る	
え단	え	け	せ	て	ね	へ	め		れ	
お단	お	こ	そ	と	の	ほ	も	よ	ろ	を

カタカナ 가타카나

	ア행	カ행	サ행	タ행	ナ행	ハ행	マ행	ヤ행	ラ행	ワ행	
ア단	ア	カ	サ	タ	ナ	ハ	マ	ヤ	ラ	ワ	ン
イ단	イ	キ	シ	チ	ニ	ヒ	ミ		リ		
ウ단	ウ	ク	ス	ツ	ヌ	フ	ム	ユ	ル		
エ단	エ	ケ	セ	テ	ネ	ヘ	メ		レ		
オ단	オ	コ	ソ	ト	ノ	ホ	モ	ヨ	ロ	ヲ	

濁音 탁음

	が행	ざ행	だ행	ば행
あ단	が	ざ	だ	ば
い단	ぎ	じ	ぢ	び
う단	ぐ	ず	づ	ぶ
え단	げ	ぜ	で	べ
お단	ご	ぞ	ど	ぼ

半濁音 반탁음

	ぱ행
あ단	ぱ
い단	ぴ
う단	ぷ
え단	ぺ
お단	ぽ

拗音 요음

きゃ	しゃ	ちゃ	にゃ	ひゃ	みゃ	りゃ	ぎゃ	じゃ	びゃ	ぴゃ
きゅ	しゅ	ちゅ	にゅ	ひゅ	みゅ	りゅ	ぎゅ	じゅ	びゅ	ぴゅ
きょ	しょ	ちょ	にょ	ひょ	みょ	りょ	ぎょ	じょ	びょ	ぴょ

○2 清音 청음

일본어의 모음은 [a] [i] [u] [e] [o]의 5가지가 있고, 자음에는 「청음」「탁음」「반탁음」이 있다. 청음의 자음은 [k] [S] ([sh]) [t] ([ch]) ([ts]) [n] [h] ([f]) [m] [y] [r] [w]가 있다.

あ/ア行

あ	い	う	え	お
ア	イ	ウ	エ	オ
[a]	[i]	[u]	[e]	[o]

<u>あ</u>め 비

<u>い</u>え 집

<u>う</u>み 바다

<u>え</u>き 역

<u>お</u>に 도깨비

	か	き	く	け	こ
	カ	キ	ク	ケ	コ
	[ka]	[ki]	[ku]	[ke]	[ko]

<u>か</u>さ 우산　　<u>き</u> 나무　　<u>く</u>つ 신발　　<u>ケ</u>ーキ 케이크　　<u>こ</u>うえん 공원

	さ	し	す	せ	そ
	サ	シ	ス	セ	ソ
	[sa]	[si]	[su]	[se]	[so]

<u>さ</u>くら 벚꽃　　<u>し</u>お 소금　　<u>す</u>し 초밥　　<u>セ</u>ーター 스웨터　　<u>そ</u>ら 하늘

た	ち	つ	て	と
タ	チ	ツ	テ	ト
[ta]	[ti]	[tu]	[te]	[to]

 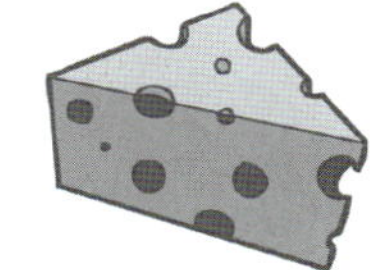  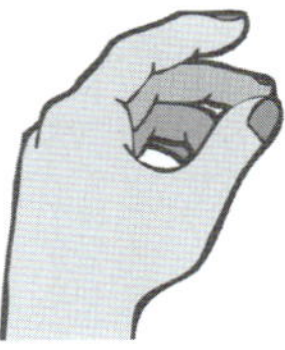 

タクシー　택시　　チーズ　치즈　　つき　달　　て　손　　とけい　시계

な	に	ぬ	ね	の
ナ	ニ	ヌ	ネ	ノ
[na]	[ni]	[nu]	[ne]	[no]

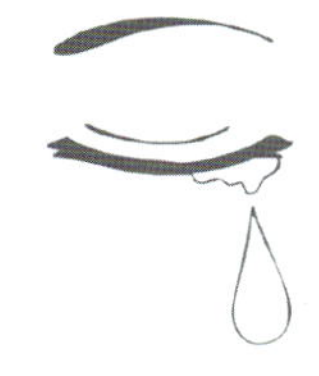 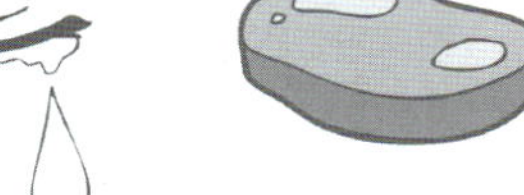   

なみだ　눈물　　にく　고기　　いぬ　개　　ねこ　고양이　　ノート　노트

は / ハ行

は	ひ	ふ	へ	ほ
ハ	ヒ	フ	ヘ	ホ
[ha]	[hi]	[hu]	[he]	[ho]

 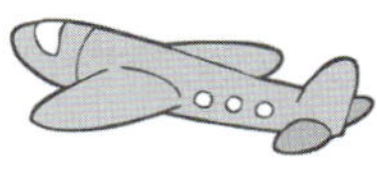  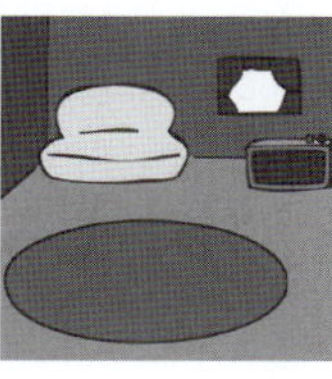 

<u>は</u>な　꽃　　<u>ひ</u>こうき　비행기　　<u>ふ</u>ね　배　　<u>へ</u>や　방　　<u>ホ</u>テル　호텔

ま / マ行

ま	み	む	め	も
マ	ミ	ム	メ	モ
[ma]	[mi]	[mu]	[me]	[mo]

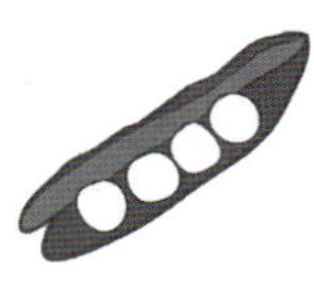 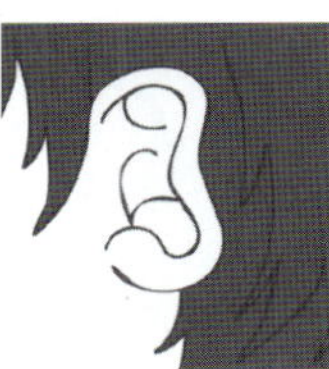 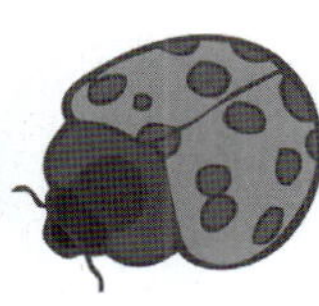 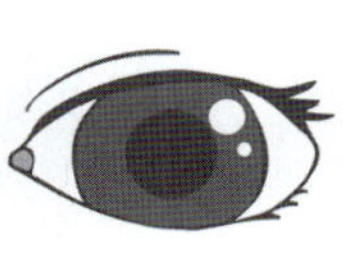 

<u>ま</u>め　콩　　<u>み</u>み　귀　　<u>む</u>し　벌레　　<u>め</u>　눈　　<u>も</u>も　복숭아

や	ゆ	よ
ヤ	ユ	ヨ
[ya]	[yu]	[yo]

 や ま　산

 ゆ き　눈

 よ る　밤

ら/ラ行

ら	り	る	れ	ろ
ラ	リ	ル	レ	ロ
[ra]	[ri]	[ru]	[re]	[ro]

 ラ ジオ　라디오

 り んご　사과

 ル ビー　루비

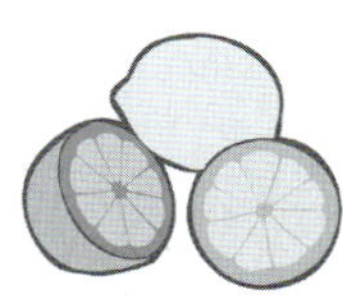 レ モン　레몬

 ロ ボット　로봇

○3 **濁音** 탁음

탁음의 자음은 [g] [z] ([j]) [d] [b]가 있다. 「か/カ」「さ/サ」「た/タ」「は/ハ」 행 글자의 오른쪽 위에 「ﾞ」를 붙여서 표기한다.

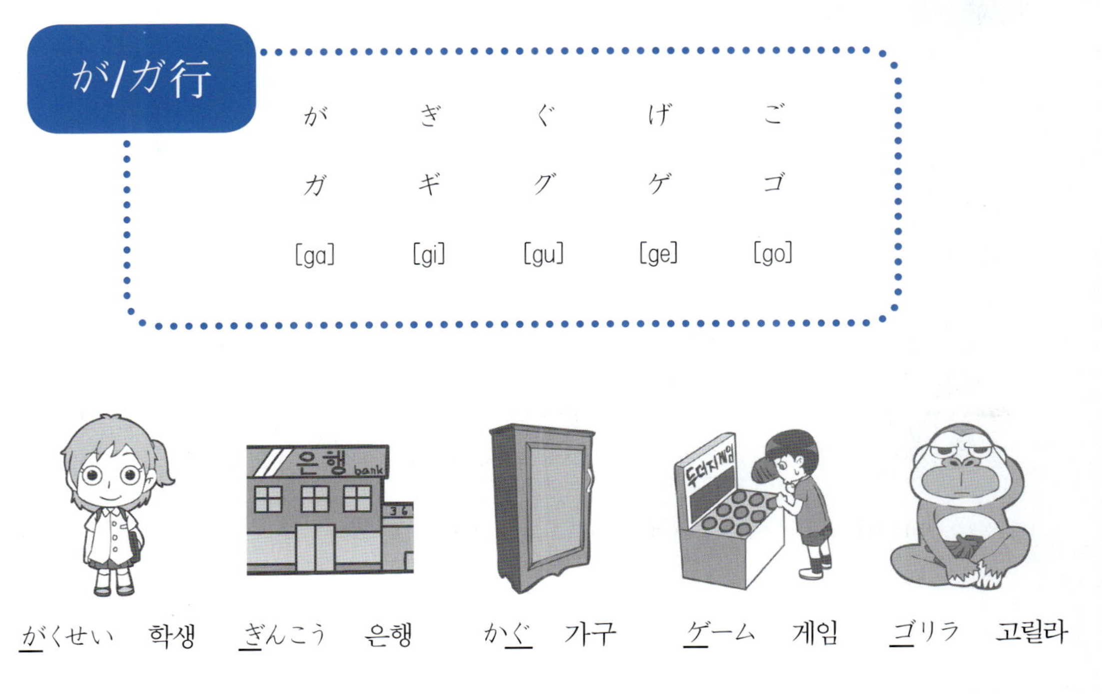

ざ	じ	ず	ぜ	ぞ
ザ	ジ	ズ	ゼ	ゾ
[za]	[zi]	[zu]	[ze]	[zo]

 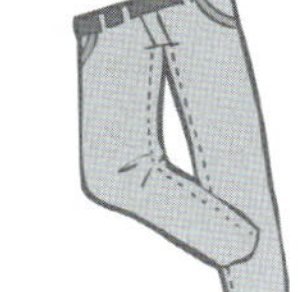   

ざっし 잡지　ジーンズ 청바지　みず 물　ゼロ 숫자 0　ぞう 코끼리

だ	ぢ	づ	で	ど
ダ	ヂ	ヅ	デ	ド
[da]	[zi]	[zu]	[de]	[do]

  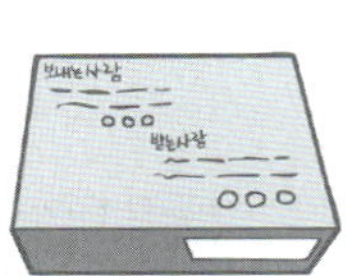  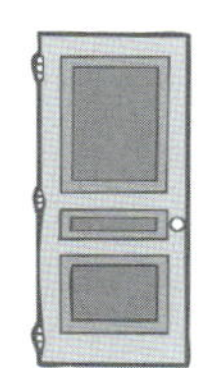

ダンス 댄스　はなぢ 코피　こづつみ 소포　でんわ 전화　ドア 문

ば/バ行

ば	び	ぶ	べ	ぼ
バ	ビ	ブ	ベ	ボ
[ba]	[bi]	[bu]	[be]	[bo]

バラ　장미　　ビール　맥주　　ぶた　돼지　　ベンチ　벤치　　ぼうし　모자

○4 半濁音 반탁음

반탁음의 자음은 [p] 가 있다. 「は/ハ」 행 글자의 오른쪽 위에 「°」를 붙여서 표기한다.

ぱ/パ行

ぱ	ぴ	ぷ	ぺ	ぽ
パ	ピ	プ	ペ	ポ
[pa]	[pi]	[pu]	[pe]	[po]

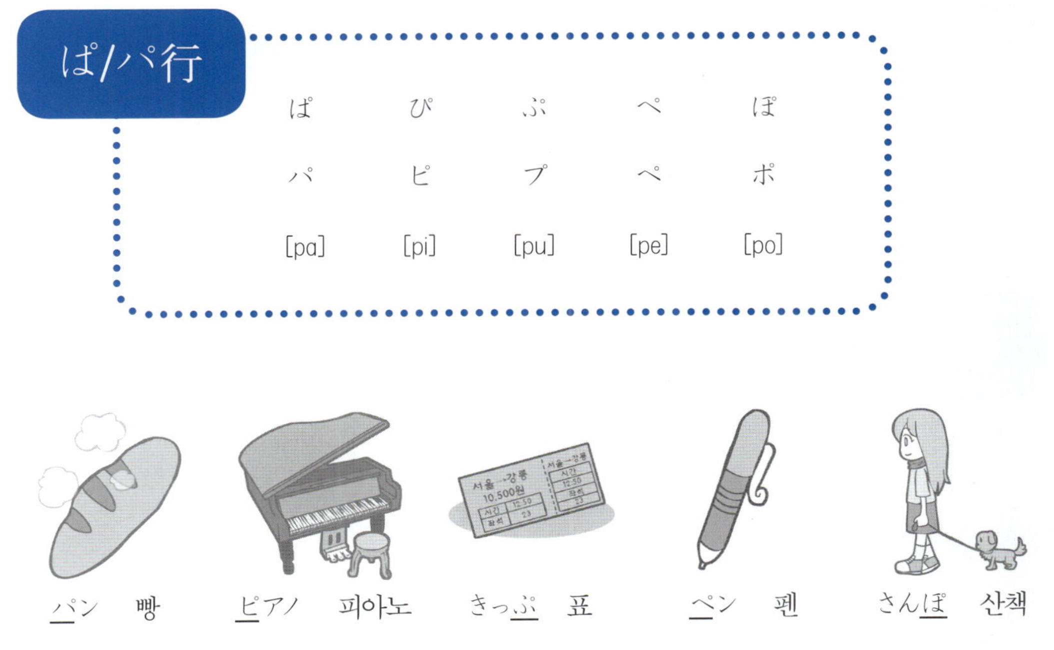

パン　빵　　ピアノ　피아노　　きっぷ　표　　ペン　펜　　さんぽ　산책

「き/キ」「ぎ/ギ」「し/シ」「じ/ジ」「ち/チ」「に/ニ」「ひ/ヒ」「び/ビ」「ぴ/ピ」「み/ミ」「り/リ」의 뒤에, 작은「ゃ/ャ」「ゅ/ュ」「ょ/ョ」을 표기하여, 한박자에 발음한다.

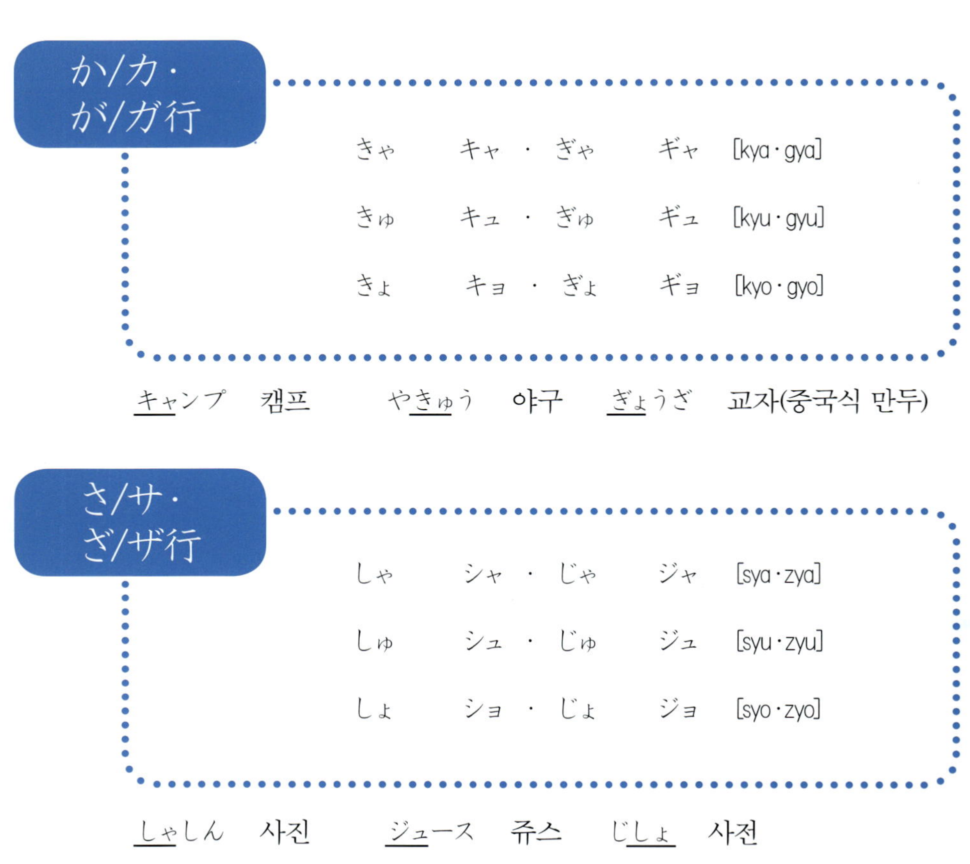

キャンプ　캠프　　やきゅう　야구　　ぎょうざ　교자(중국식 만두)

しゃしん　사진　　ジュース　쥬스　　じしょ　사전

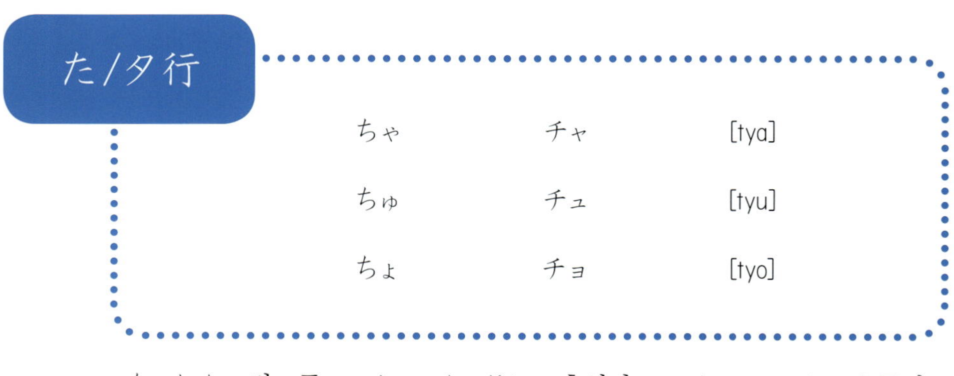

ちゃわん　밥그릇　　チューインガム　추잉검　　チョコレート　초콜릿

にゃ	ニャ	[nya]
にゅ	ニュ	[nyu]
にょ	ニョ	[nyo]

こん<u>にゃ</u>く　곤약　<u>にゅ</u>うがく　입학　<u>にょ</u>うぼう　아내

は/ハ・ば/バ・ぱ/パ行

ひゃ	ヒャ・	びゃ	ビャ・	ぴゃ	ピャ	[hya·bya·pya]
ひゅ	ヒュ・	びゅ	ビュ・	ぴゅ	ピュ	[hyu·byu·pyu]
ひょ	ヒョ・	びょ	ビョ・	ぴょ	ピョ	[hyo·byo·pyo]

<u>ひゃ</u>くえん　100엔　コン<u>ピュ</u>ータ　컴퓨터　<u>びょ</u>ういん　병원

ま / マ行

みゃ	ミャ	[mya]
みゅ	ミュ	[myu]
みょ	ミョ	[myo]

<u>みゃ</u>く　맥　<u>ミュ</u>ージカル　뮤지컬　<u>みょ</u>うじ　성(姓)

ら / ラ行

りゃ	リャ	[rya]
りゅ	リュ	[ryu]
りょ	リョ	[ryo]

<u>りゃ</u>くず　약도　<u>りゅ</u>うがく　유학　<u>りょ</u>こう　여행

작은 「っ/ッ」로 표기하여, 촉음 뒤에는 「か/カ」「さ/サ」「た/タ」「ぱ/パ」행이 오지만, 다음 음을 발음하기 직전에 숨을 한박자 멈춘다.

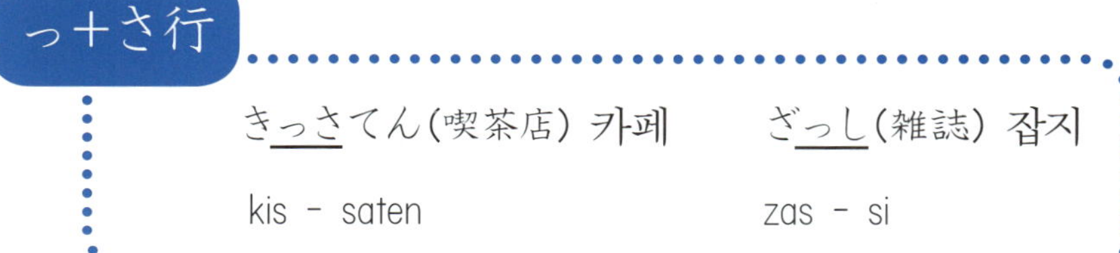

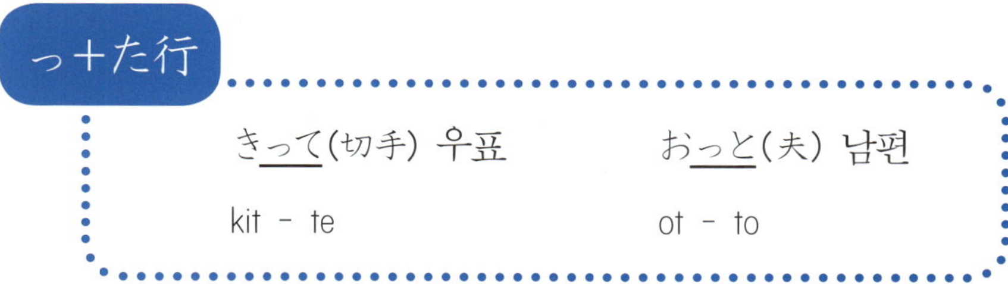

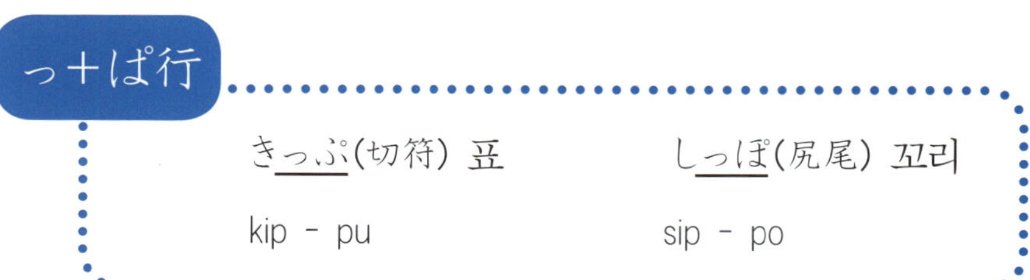

○7 撥音 발음
_{はつおん}

「ん/ン」으로 표기하고, 코에서 음을 통과시켜 발음한다. 뒤에 오는 음에 의해 발음이 달라진다.

> **ん [ㅁ]＋ば・ぱ・ま행**
>
> さんぽ(散歩) 산책
>
> うんめい(運命) 운명
>
> **ん [ㄴ]＋ざ・た・だ・な・ら행**
>
> せんたく(洗濯) 세탁
>
> おんな (女) 여자
>
> れんらく (連絡) 연락
>
> **ん [ㅇ]＋あ・か・が・さ・は・や・わ행**
>
> 및, 단어의 끝에 「ん」이 오는 경우.
>
> れんあい(恋愛)　연애　　　　にほん(日本)　일본
>
> りんご　사과　　　　　　　　でんわ(電話)　전화

○8 長音 장음
_{ちょうおん}

같은 단의 모음이 연속해서 오는 경우, 길게 늘여 발음한다. 가타카나의 경우는 「ー」로 표기한다.

> aa→あ단의 히라가나＋あ　　　おかあさん　okaasan(어머니)
>
> 　おばさん　obasan(아줌마)　－　おばあさん　obaasan(할머니)
>
> ii→い단의 히라가나＋い　　　おにいさん　oniisan(형/오빠)
>
> 　おじさん　ojisan(아저씨)　－　おじいさん　oziisan(할아버지)
>
> uu→う단의 히라가나＋う　　　すうがく　suugaku(수학)
>
> 　　　　　　　　　　　　　　くうき　kuuki(공기)
>
> ee→え단의 히라가나＋え　　　おねえさん　oneesan(누나/언니)
>
> 　　え단의 히라가나＋い　　　えいが　eiga(영화)
>
> oo→お단의 히라가나＋お　　　おおさか　oosaka(오사카)
>
> 　　お단의 히라가나＋う　　　おとうさん　otousan(아버지)

○9 조사인 「は」「へ」「を」는 특별하게 발음한다.

これ<u>は</u> 本です。	[wa]	이것은 책입니다.
会社<u>へ</u> 行きます。	[e]	회사에 갑니다.
コーヒー<u>を</u> 飲みます。	[o]	커피를 마십니다.

10 あいさつの表現 인사 표현

おはようございます。(おはよう。) 안녕하세요. 〈아침〉
こんにちは。안녕하세요. 〈점심〉
こんばんは。안녕하세요. 〈저녁〉

さようなら。안녕히 가세요. / 안녕히 계세요.
バイバイ。바이바이.
では、また。그럼 또.　(만나. / 봅시다.)
じゃあね。안녕.

おやすみなさい。안녕히 주무세요.
おやすみ。잘 자.

いただきます。잘 먹겠습니다.
ごちそうさまでした。잘 먹었습니다.

おめでとうございます。축하합니다.

ありがとうございます。감사합니다. / 고맙습니다.

どうも、ありがとうございます。（ありがとう。）대단히 감사합니다.　（고마워.）

いいえ、どういたしまして。아니요, 천만에요.

はじまして。おあいできてうれしいです。

처음 뵙겠습니다. 만나서 반갑습니다.

どうぞ、よろしくおねがいいたします。

아무쪼록, 잘 부탁드립니다.

ごめんなさい。미안합니다.
すみません。미안합니다.
いいえ、どういたしまして。아니요, 천만에요.

すみません。실례합니다.
しつれいします。실례합니다.

01 わたしは学生です
나는 학생입니다.

【장면1】 김 씨와 나카다 씨는 국제교류회 파티에서 처음 만났습니다.

キム　　　はじめまして。

　　　　　ぼくは　キム　ウンジェです。

中田　　　はじめまして。

　　　　　わたしは　中田　由香です。

　　　　　キムさんは　学生ですか。

キム　　　はい、そうです。ぼくは　学生です。

　　　　　中田さんは　学生ですか。

中田　　　いいえ、ちがいます。

　　　　　わたしは　学生じゃ　ありません。会社員です。

　　　　　どうぞ、よろしく　おねがいします。

学生 학생　　　　　　　会社員 회사원

01 ～は～です 〈~는 ~입니다〉

① 〔名詞1〕 は 〔名詞2〕 です。

〔명사1〕 는 〔명사2〕 입니다.

예: 佐藤さんは 日本人です。

　　사토 씨는 일본인입니다.

② 〔名詞1〕 は 〔名詞2〕 ですか。↗

〔명사1〕 는 〔명사2〕 입니까?

문말에 「か」를 붙여, 억양이 높아지면 의문문이 된다.

예: パクさんは 学生ですか。

　　박 씨는 학생입니까?

③ はい、そうです。 〔名詞2〕 です。

네, 그렇습니다. 〔명사2〕 입니다.

예: はい、そうです。わたしは 学生です。

　　네, 그렇습니다. 저는 학생입니다.

④ いいえ、ちがいます。/そうじゃ(では)ありません。

아니요, 다릅니다. / 그렇지 않습니다.

〔名詞2〕 じゃ(では) ありません。

〔명사2〕 가 아닙니다.

예: いいえ、ちがいます。わたしは 学生じゃ ありません。 会社員です。

　　아니요, 다릅니다. 저는 학생이 아닙니다. 회사원입니다.

○1 일인칭　わたし（남/여）　ぼく（남）

　　　이인칭　あなた

　　　삼인칭　彼（かれ）　彼女（かのじょ）　鈴木（すずき）さん　パクさん

○2 국적

韓国人（かんこくじん）

한국인

日本人（にほんじん）

일본인

タイ人（じん）

태국인

ベトナム人（じん）

베트남인

中国人（ちゅうごくじん）

중국인

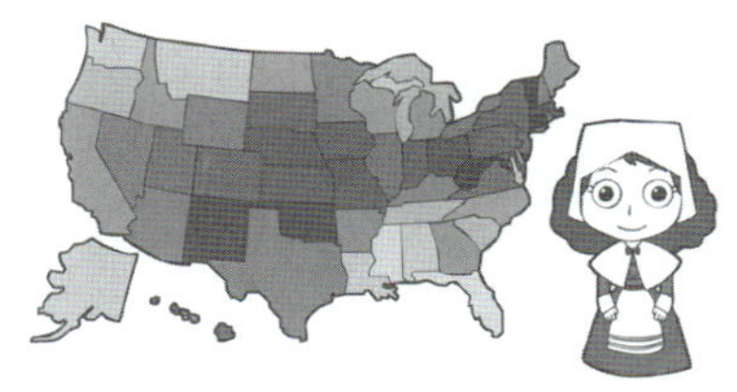

アメリカ人（じん）

미국인

カナダ<ruby>人<rt>じん</rt></ruby>

캐나다인

イギリス<ruby>人<rt>じん</rt></ruby>

영국인

フランス<ruby>人<rt>じん</rt></ruby>

프랑스인

ドイツ<ruby>人<rt>じん</rt></ruby>

독일인

ロシア<ruby>人<rt>じん</rt></ruby>

러시아인

インド<ruby>人<rt>じん</rt></ruby>

인도인

オーストラリア<ruby>人<rt>じん</rt></ruby>

오스트레일리아인

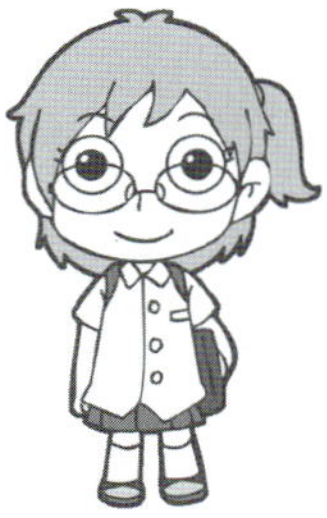

がくせい
学生
학생

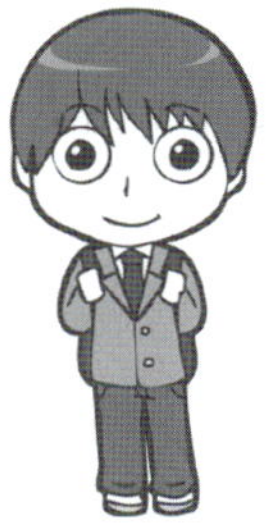

こうこうせい
高校生
고등학생

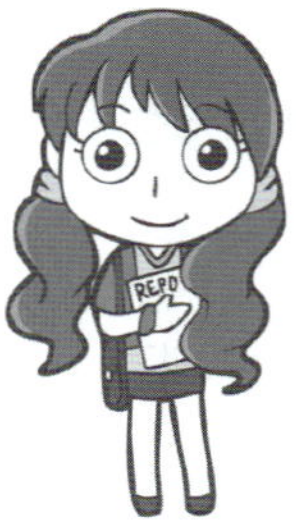

だいがくせい
大学生
대학생

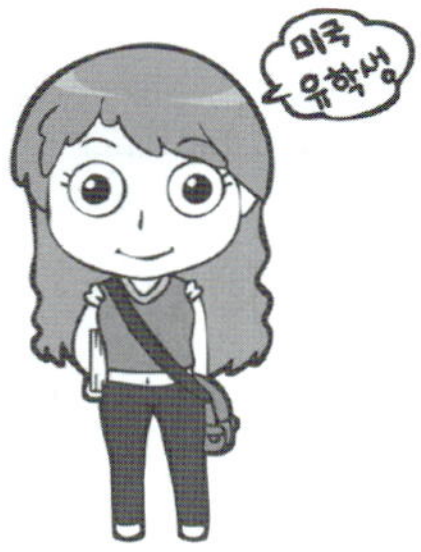

りゅうがくせい
留学生
유학생

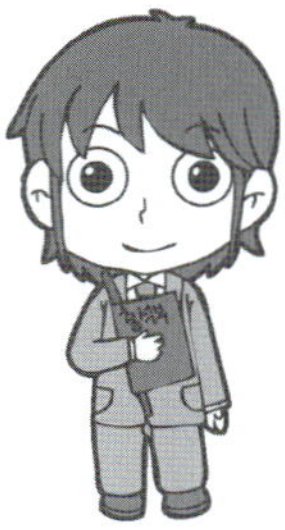

せんせい
先生
선생님

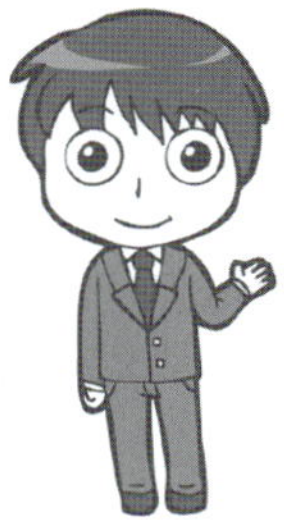

かいしゃいん
会社員
회사원

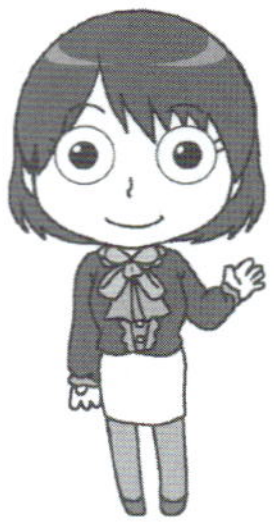

OL
여자 회사원

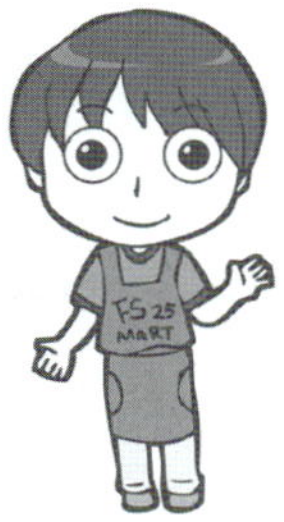

フリーター
프리타*

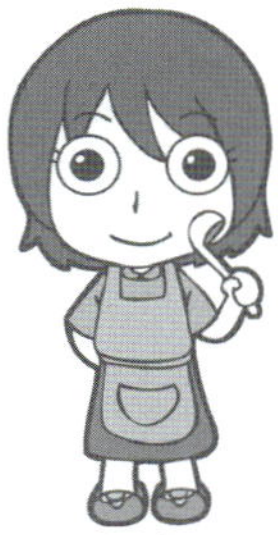

しゅふ
主婦
주부

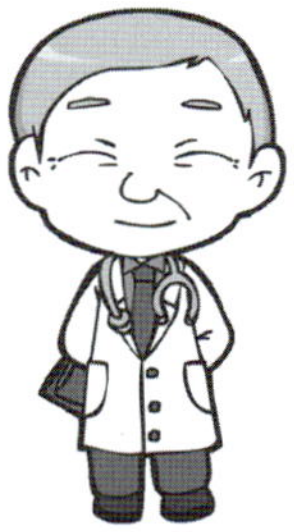

いしゃ
医者
의사

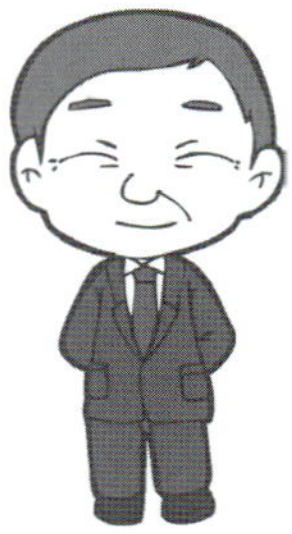

こうむいん
公務員
공무원

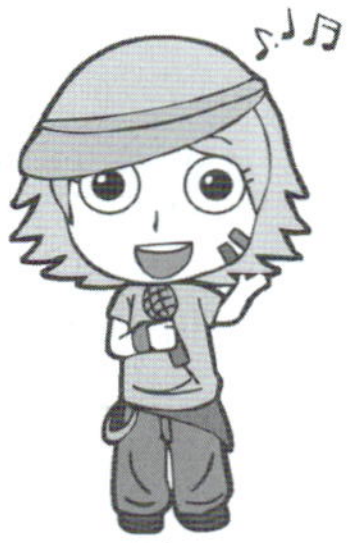

かしゅ
歌手
가수

デザイナー
디자이너

*프리타 : 구속을 싫어하여, 정직으로 일하지 않고 아르바이트로만 생활해 가는 사람.

01 아래 대화의 (　　　　) 에 적당한 단어를 넣어, 대화해 봅시다.

A : はじめまして。

　　わたしは(　　　　)です。

B : はじめまして。

　　わたしは(　　　　)です。

　　(　　　　)さんは(　　　　)ですか。

A : はい、そうです。わたしは(　　　　)です。

　　(　　　　)さんは(　　　　)ですか。

B : いいえ、ちがいます。

　　わたしは(　　　　)じゃ ありません。

　　(　　　　)です。

　　どうぞ、よろしく おねがいします。

①	②	③
A : イユナ（女）・大学生	A : パクミンス（男）・韓国人	A : 三浦恵子（女）・会社員
B : 田中大介（男）・先生	B : 王美林（女）・中国人	B : イムジュヒョン（男）・（？）

TRY1 【장면1】을 참고하면서, A와 B를 자유롭게 정하여, 자기소개를 해 봅시다.

A : 이름 〔   〕 국적 〔   〕 직업 〔   〕

B : 이름 〔   〕 국적 〔   〕 직업 〔   〕

Memo

【장면2】 나카다 씨는 친구인 마츠이 씨를 김 씨에게 소개하고 있습니다.

中田　　こちらは　友だちの　松井さんです。

松井　　こんにちは。

　　　　はじめまして。松井　高志です。

キム　　はじめまして。ぼくは　キム　ウンジェです。

　　　　韓国人で　韓真大学の　学生です。

松井　　そうですか。キムさんは　何年生ですか。

キム　　２年生です。松井さんは　学生ですか。

松井　　いいえ、ちがいます。ＦＵＪＩ貿易の　会社員です。

キム　　ところで、松井さんの　趣味は　何ですか。

松井　　ぼくの　趣味は　スポーツです。

こちら 이쪽. 「여기」의 정중형. 사람을 가리킬 때에 사용한다.	**友だち** 친구	**何年生** 몇 학년
貿易 무역	**ところで** 그런데	**趣味** 취미
スポーツ 스포츠		

O1 ～で、～ 〈~이고,~〉

〔名詞〕　で、～

〔명사〕　이고, ~

예: 佐藤さんは　日本人で、学生です。

　　사토 씨는 일본인이고, 학생입니다.

O2 조사「の」에 대해서

① 〔名詞1〕　の　〔名詞2〕

　〔명사1〕　의 〔명사2〕

「の」의 앞의 명사가「の」의 뒤의 명사를 수식하여, 설명이나 소속·소유를 나타낸다.

예: 東西大学の　学生

　　동서대학의 학생

　　キムさんの　かばん

　　김 씨의 가방

※ 〔人〕　のです。

　　〔사람〕 의 것입니다.

　　소유의「の」는 뒤의 명사를 생략할 수 있다.

　　예:キムさんの　かばんです。＝ キムさんのです。

　　　김 씨의 가방입니다.　　 ＝ 김 씨의 것입니다.

② 〔名詞1〕　の　〔名詞2〕

〔명사1〕　인　〔명사2〕

명사1과 명사2는 동격을 나타낸다.

예: 友だちの イさん (友だち＝イさん)

친구인 이 씨 (친구＝이 씨)

先生の 田中さん (先生＝田中さん)

선생님인 다나카 씨 (선생님＝다나카 씨)

○3 ～は何ですか 〈~는 무엇입니까?〉

〔名詞〕 は 〔疑問詞(何)〕 ですか。♪
〔명사〕 는 〔의문사(무엇)〕 입니까?

예:それは 何ですか。

그것은 무엇입니까?

趣味は 何ですか。

취미는 무엇입니까?

※ キムさんは 何年生ですか。

김 씨는 몇 학년입니까?

佐藤さんは 何さいですか。

사토 씨는 몇 살입니까?

01 취미

りょこう
旅行

여행

どくしょ
読書

독서

スポーツ

스포츠

ドライブ

드라이브

えいが
映画

영화

おんがくかんしょう
音楽鑑賞

음악감상

コンピュータ

컴퓨터

ゲーム

게임

カラオケ

노래방

しゃしん
写真

사진

01 아래 대화의 (　　　　) 에 적당한 단어를 넣어, 대화해 봅시다.

はじめまして。

わたし/ぼくは(　　　　)です。

(　　　　)人です。

(　　　　)です。

わたし/ぼくの　趣味は(　　　　)です。

どうぞ、よろしくおねがいします。

①

ベサンジュン（男）・韓国人
医者・ドライブ

②

リンダ・ジャクソン（女）
アメリカ人　歌手・読書

③

木村愛子（女）・日本人
公務員・旅行

④

林龍鋒（男）・中国人
留学生・写真

⑤

（　？　）（女）・韓国人
（　？　）・（　？　）

⑥

（　？　）（男）・日本人
（　？　）・（　？　）

TRY1 【장면2】를 참고하면서, A와 B를 자유롭게 정하여, 자기소개를 해 봅시다.

A : 이름 〔   〕 직업 〔   〕 취미 〔   〕

B : 이름 〔   〕 직업 〔   〕 취미 〔   〕

TRY2 반 친구에게 자기소개를 해 봅시다.

はじめまして。

わたし/ぼくは(   )です。

(   )人です。

(   )大学の(   )年生です。

わたし/ぼくの 趣味は(   )です。

どうぞ、よろしくおねがいします。

Memo

O2 これは何<ruby>何<rt>なん</rt></ruby>ですか
이것은 무엇입니까?

【장면1】 김 씨와 나카다 씨는 편의점에 있습니다. 김 씨에게는 처음 보는 물건이 있습니다.

キム	中田さん、これは 何ですか。
中田	それは チューハイです。
キム	ああ、これが チューハイですか。
	じゃ、ビールは どれですか。
中田	あれが ビールです。
キム	これも 日本の ビールですか。
中田	いいえ、ちがいます。
	その ビールは ドイツのです。

チューハイ 츄하이. 소주에 탄산수를 탄 알코올 음료.　　　では/じゃ 그럼　　　ビール 맥주

○1 こ・そ・あ・どⅠ

	こ	そ	あ	ど
물건	これ	それ	あれ	どれ
	이것	그것	저것	어느 것
물건·사람	この+名詞	その+名詞	あの+名詞	どの+名詞
	이 + 명사	그 + 명사	저 + 명사	어느 + 명사

① これ / それ / あれ　は〔名詞〕です。

　이것 / 그것 / 저것　은〔명사〕입니다.

　예:これは 何 ですか。　→　それは パクさんの えんぴつ です。

　　이것은 무엇입니까?　→　그것은 박 씨의 연필입니다.

　　それは 何 ですか。　→　これは わたしの 本 です。

　　그것은 무엇입니까?　→　이것은 저의 책입니다.

　　あれは 何 ですか。　→　あれは 教会 です。

　　저것은 무엇입니까?　→　저것은 교회입니다.

　　キムさんの 傘は どれですか。　→　それ です。

　　김 씨의 우산은 어느 것입니까?　→　그것입니다.

② この / その / あの　〔名詞1(物/人)〕　は〔名詞2〕です。

　이 / 그 / 저　〔명사1(물건/사람)〕는〔명사2〕입니다.

　예:この りんごは いくらですか。　이 사과는 얼마입니까?

　　その かばんは キムさんのですか。　그 가방은 김 씨의 것입니까?

　　あの 人が わたしの 先生です。　저 사람이 제 선생님입니다.

　　高橋さんは どの 人 ですか。　다카하시 씨는 어느 사람입니까?

○2 조사

は (〜는/은)　わたしは 学生 です。　저는 학생입니다.

が (〜가/이)　わたしが 山本 です。　제가 야마모토입니다.

O1 교실에 있는 물건

^{つくえ} **机** 책상	**いす** 의자	^{こくばん} **黒板** 칠판	^{とけい} **時計** 시계
パソコン 컴퓨터	**かばん** 가방	^{きょうかしょ} **教科書** 교과서	**ノート** 노트
^{じしょ} **辞書** 사전	**えんぴつ** 연필	**ボールペン** 볼펜	^け **消しゴム** 지우개

01 아래의 그림을 보면서, 서로 질문을 하고, 물건의 이름을 외웁시다.

예 A : それは 何^{なん}ですか。　　　B : これは 傘^{かさ}です。

　　A : これは 何^{なん}ですか。　　　B : それは 雑誌^{ざっし}です。

傘^{かさ} 우산　　　　　雑誌^{ざっし} 잡지　　　　ソファ 소파　　　　まど 창문

テレビ 텔레비전　　　新聞^{しんぶん} 신문　　　手紙^{てがみ} 편지　　　鍵^{かぎ} 열쇠

TRY1 교실 안을 보면서, 서로 질문을 하고, 물건의 이름을 외웁시다.

    A : 질문을 하는 사람

    B : 질문에 대답하는 사람

Memo

キム　　　すみません。これは　日本語で　何ですか。

店員　　　それは　鯛焼きです。

キム　　　ああ、これが　日本の　鯛焼きですか。

　　　　　じゃ、鯛焼きを　三つ　ください。

　　　　　それから、その　たこ焼きも　一つ　おねがいします。

　　　　　いくらですか。

店員　　　ありがとうございます。

　　　　　鯛焼きと　たこ焼きですね。

　　　　　全部で　600円です。

すみません 여기에서는 여기요/저기요라는 의미.	**鯛焼き** 타이야끼. 도미 모양의 과자. 안에는 팥앙금이 들어있다.
それから 그리고	**たこ焼き** 타코야끼
おねがいします 부탁드립니다. 여기에서는 물건을 살 때의 주세요와 같은 의미.	
～ね 확인의 조사.	**全部で** 전부 합해서

○1 ～をください 〈~을(를) 주세요〉

〔名詞〕　を　　ください。

〔명사〕　을(를) 주세요.

예：キムチを　ください。

　　김치를 주세요.

　　その　CDを　ください。

　　그 CD를 주세요.

○2 ～はいくらですか 〈~는 얼마입니까?〉

〔名詞〕　は〔疑問詞(いくら)〕ですか。♪

〔명사〕　는〔의문사(얼마)〕입니까?

예：その　Tシャツは　いくらですか。

　　그 티셔츠는 얼마입니까?

○3 조사

を（～을/를）　　ノートと　ボールペンを　ください。

　　　　　　　　노트와 볼펜을 주세요.

も（～도）　　　鈴木さんは　学生です。　わたしも　学生です。

　　　　　　　　스즈키 씨는 학생입니다. 저도 학생입니다.

と（～과/와）　　鈴木さんと　わたしは　学生です。

　　　　　　　　스즈키 씨와 저는 학생입니다.

で（～에/해서）（～로/으로)수단·방법을 나타낸다.

　　　　　　　　全部で　いくらですか。

　　　　　　　　전부 합해서 얼마입니까?

　　　　　　　　日本語で　何ですか。

　　　　　　　　일본어로 무엇입니까?

01 숫자

1 いち	10 じゅう	100 ひゃく	1000 せん	10000 いちまん
2 に	20 にじゅう	200 にひゃく	2000 にせん	20000 にまん
3 さん	30 さんじゅう	300 さんびゃく	3000 さんぜん	30000 さんまん
4 よん/し	40 よんじゅう	400 よんひゃく	4000 よんせん	40000 よんまん
5 ご	50 ごじゅう	500 ごひゃく	5000 ごせん	50000 ごまん
6 ろく	60 ろくじゅう	600 ろっぴゃく	6000 ろくせん	60000 ろくまん
7 なな/しち	70 ななじゅう	700 ななひゃく	7000 ななせん	70000 ななまん
8 はち	80 はちじゅう	800 はっぴゃく	8000 はっせん	80000 はちまん
9 きゅう/く	90 きゅうじゅう	900 きゅうひゃく	9000 きゅうせん	90000 きゅうまん

02 조수사 I

ひと 一つ	ふた 二つ	みっ 三つ	よっ 四つ	いつ 五つ	むっ 六つ	なな 七つ	やっ 八つ	ここの 九つ	とお 十
한 개	두 개	세 개	네 개	다섯 개	여섯 개	일곱 개	여덟 개	아홉 개	열 개

○1 소리내어 읽어 봅시다.

7℃ (ど)	18% (パーセント)	53kg (キログラム)	174cm (センチメートル)
3,776m (メートル)	48,000円 (えん)	690,000人 (にん)	200m*l* (ミリリットル)

○2 과일가게에서 좋아하는 과일을 사 봅시다.

예　A : (　　　　) を (　　　　) つ ください。

　　　いくらですか。

　　B : (　　　　) 円です。

りんご 사과　　　みかん 귤　　　なし 배

ぶどう 포도　　　バナナ 바나나　　　メロン 메론

TRY1 여기는 대학교 학생식당입니다. 친구 3명과 왔습니다.
【장면2】를 참고하면서, 친구의 몫도 함께 주문해 봅시다.

A : 학생

B : 학생식당 점원

日替わり定食 ひが ていしょく 매일 반찬종류가 바뀌는 정식.

03 - 5942 - 6817（ぜろさん _の_ ごきゅうよんに _の_ ろくはちいちなな）

※「4」와 「7」의 발음

「し」와 「しち」라고 말하기 쉽지만, 전화번호를 말할 때에는 보통 4는 「よん」,

7은 「なな」라고 하는 것이 일반적이다.

Memo

03 エレベーターの左にあります
엘리베이터의 왼쪽에 있습니다.

【장면1】 김 씨는 백화점에서 화장실을 찾고 있습니다.

キム	あのう、すみません。
	トイレは　どこに　ありますか。
店員	あそこに　エレベーターが　あります。
	その　エレベーターの　となりです。
キム	エレベーターの　となりですか。
店員	はい、エレベーターの　左に　あります。
キム	ありがとうございました。
店員	いいえ。

あのう 저. 이야기의 계기를 마련하는 말.　　　　　　**トイレ** 화장실　　　　　　**エレベーター** 엘리베이터

○1 こ・そ・あ・どⅡ

	こ	そ	あ	ど
장소	ここ	そこ	あそこ	どこ
정중표현	(こちら)	(そちら)	(あちら)	(どちら)
	여기	거기	저기	어디

ここ / そこ / あそこ は 〔名詞 (場所)〕 です。

여기 / 거기 / 저기 는 〔명사(장소)〕 입니다.

예：ここは 教室です。 여기는 교실입니다.

　　そこは 公園です。 거기는 공원입니다.

　　あそこは わたしの 家です。 저기는 저의 집입니다.

　　銀行は どこですか。 은행은 어디입니까?

○2 ～はどこですか 〈~는 어디입니까?〉

〔名詞〕 は 〔疑問詞(どこ/どちら)〕 ですか。↗

〔명사〕 는 〔의문사(어디)〕　　　　　입니까?

예：駅は どこに ありますか。 역은 어디에 있습니까?

○3 ～があります・います 〈~가 있습니다〉

① 〔名詞(事物)〕 が あります。

　〔명사(사물)〕 가 있습니다.

② 〔名詞(人/動物)〕 が います。

　〔명사(사람/동물)〕 가 있습니다.

　예：電話が あります。 전화가 있습니다.

　　佐藤 先生が います。 사토 선생님이 있습니다.

あります・います 활용

긍정 ～ます	부정 ～ません	긍정 ～ました	부정 ～ませんでした
あります	ありません	ありました	ありませんでした
います	いません	いました	いませんでした

③〔名詞(장소)〕に〔何/だれ〕が ありますか。 / いますか。 ♪

　〔명사(장소)〕에〔무엇/ 누구〕가 있습니까?

④ 何も ありません。/ 誰もいません。　아무것도 / 아무도 없습니다.

　예：机の 上に 何が ありますか。電話が あります。/ 何も ありません。

　　책상 위에 무엇이 있습니까? 전화가 있습니다. 　 / 아무것도 없습니다.

　　教室の 中に だれが いますか。佐藤 先生が います。/ だれも いません。

　　교실 안에 누가 있습니까? 사토 선생님이 있습니다. 　 / 아무도 없습니다.

○4　위치어

うえ 上	した 下	なか 中	そと 外	まえ 前
위	아래	안	밖	앞
うし 後ろ	みぎ 右	ひだり 左	あいだ 間	よこ 横
뒤	오른쪽	왼쪽	사이	옆
となり	そば	ちかく	むかい	
옆/이웃	옆	가까이	맞은편/건너편	

　예：机の 上に 本が あります。 책상 위에 책이 있습니다.

　　家の 外に 犬が います。 집 밖에 개가 있습니다.

　　先生の 後ろに 学生がいます。 선생님 뒤에 학생이 있습니다.

　　デパートと 銀行の 間に 駐車場が あります。

　　백화점과 은행 사이에 주차장이 있습니다.

　　鈴木さんの となりに パクさんが います。 스즈키 씨의 옆에 박 씨가 있습니다.

○5　조사

に(～에)　장소·위치·대상을 나타낸다.

　　教室に 先生が います。 교실에 선생님이 있습니다.

01 조수사 II

	~個(こ)	~人(にん)	~冊(さつ)	~本(ほん・ぼん・ぽん)
1	いっこ	ひとり	いっさつ	いっぽん
2	にこ	ふたり	にさつ	にほん
3	さんこ	さんにん	さんさつ	さんぼん
4	よんこ	よにん	よんさつ	よんほん
5	ごこ	ごにん	ごさつ	ごほん
6	ろっこ	ろくにん	ろくさつ	ろっぽん
7	ななこ	ななにん	ななさつ	ななほん
8	はっこ	はちにん	はっさつ	はっぽん
9	きゅうこ	きゅうにん	きゅうさつ	きゅうほん
10	じゅっこ	じゅうにん	じゅっさつ	じゅっぽん
몇	なんこ	なんにん	なんさつ	なんぼん

	~枚(まい)	~台(だい)	~さい
1	いちまい	いちだい	いっさい
2	にまい	にだい	にさい
3	さんまい	さんだい	さんさい
4	よんまい	よんだい	よんさい
5	ごまい	ごだい	ごさい
6	ろくまい	ろくだい	ろくさい
7	ななまい	ななだい	ななさい
8	はちまい	はちだい	はっさい
9	きゅうまい	きゅうだい	きゅうさい
10	じゅうまい	じゅうだい	じゅうさい
몇	なんまい	なんだい	なんさい

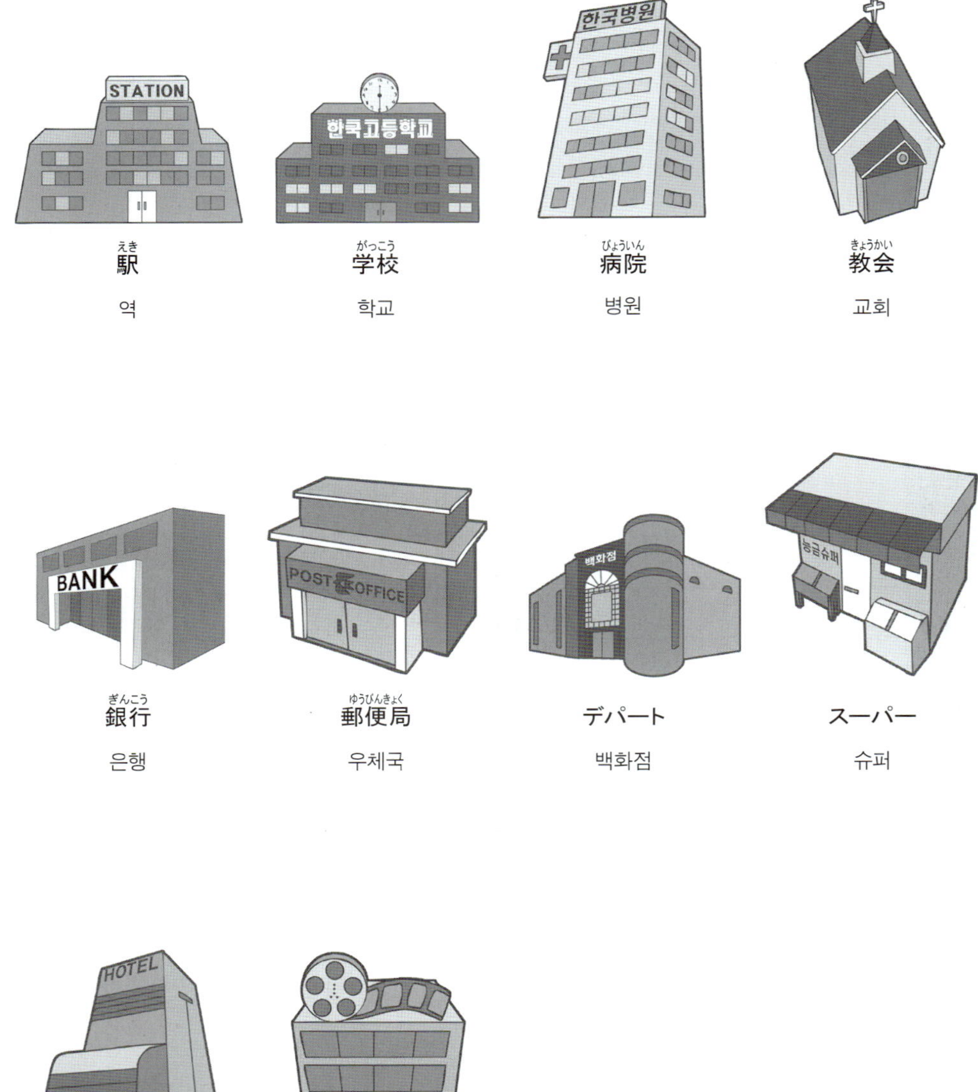

えき **駅** 역	がっこう **学校** 학교	びょういん **病院** 병원	きょうかい **教会** 교회
ぎんこう **銀行** 은행	ゆうびんきょく **郵便局** 우체국	**デパート** 백화점	**スーパー** 슈퍼
ホテル 호텔	えいがかん **映画館** 영화관		

01 아래의 그림을 보면서, 서로 질문을 하고, 물건의 이름과 조수사를 외웁시다.

예　A:(　　　　　)は　いくつ　ありますか　/　何人　いますか。

　　B:数字＋助数詞　あります　/　います。

カップ 컵　　りんご 사과　　人 사람　　本 책　　はな 꽃

CD　　　ネクタイ 넥타이　　かさ 우산　　絵 그림　　自転車 자전거

TRY1 【장면2】를 참고하면서, 아래의 지도를 보고, 가고 싶은 곳을 물어 봅시다.

　　A : 길을 묻는 사람

　　B : 길을 가르쳐주는 사람

えき **駅** 역	がっこう **学校** 학교	びょういん **病院** 병원	きょうかい **教会** 교회
ぎんこう **銀行** 은행	ゆうびんきょく **郵便局** 우체국	**デパート** 백화점	**スーパー** 슈퍼
ホテル 호텔	えいがかん **映画館** 영화관		

Memo

中田　　キムさんの　家族は　何人ですか。

キム　　ぼくの　家族は　5人です。
　　　　父と　母と　姉と　弟と　ぼくです。

中田　　この　写真の　前の　方は　どなたですか。

キム　　父と　母です。母の　後ろに　姉が　います。

中田　　じゃ、お姉さんの　横は　弟さんですね。

キム　　そうです。

中田　　犬や　ねこは　いますか。

キム　　いいえ、ペットは　いません。

家族 가족	何人 몇 명	写真 사진
方 분. 사람을 대할 때 쓰는 존경어.	どなた 어느 분. 「누구」의 존경어.	犬 개, 강아지
ねこ 고양이	ペット 애완동물	

○1 ～はだれですか 〈~는 누구입니까?〉

〔名詞〕 は 〔疑問詞(だれ/どなた)〕 ですか。↗

〔명사〕 는 〔의문사(누구)〕 입니까?

예: 日本語の 先生は だれですか。

일본어 선생님은 누구입니까?

○1 가족 호칭법

	남에게 소개할 때	남의 가족을 부를 때
할아버지	祖父(そふ)	おじいさん
할머니	祖母(そぼ)	おばあさん
아버지	父(ちち)	お父(とう)さん
어머니	母(はは)	お母(かあ)さん
부모/ 부모님	両親(りょうしん)	ご両親(りょうしん)
형/오빠	兄(あに)	お兄(にい)さん
누나/언니	姉(あね)	お姉(ねえ)さん
남동생	弟(おとうと)	弟(おとうと)さん
여동생	妹(いもうと)	妹(いもうと)さん

○1 아래의 그림을 보고, 「わたしの家族」으로서 소개해 봅시다.

○2 아래의 그림을 보고, 「パクさんの家族」으로서 소개해 봅시다.

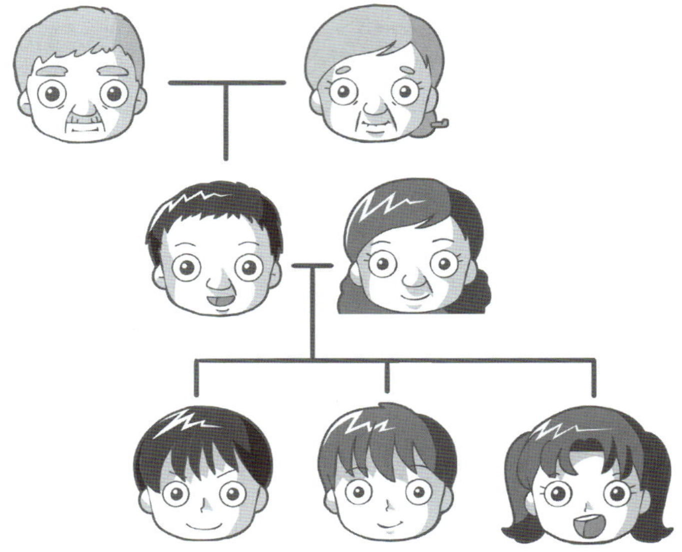

TRY1 【장면2】를 참고하면서, 아래의 그림을 보고, 가족을 소개해 봅시다.

A : 가족에 대해 묻는 사람

B : 가족을 소개하는 사람

TRY2 반 친구에게 가족을 소개해 봅시다.

わたし/ぼくの 家族は（　　　　　）人です。
かぞく　　　　　　　　　　　　　にん

（　　　　　）と（　　　　　）と（　　　　　）がいます。

わたし/ぼくの （弟）は （高校1年生） です。
おとうと　　こうこういちねんせい

04 何時から何時までですか。
몇 시부터 몇 시까지입니까?

【장면1】 김 씨는 모리 선생님과 이야기를 하고 있습니다. 하지만 아르바이트에 가야만 합니다.

キム　　　　森先生、今　何時ですか。

森先生　　　4時　30分ですよ。

　　　　　　これから　授業が　ありますか。

キム　　　　いいえ、授業は　ありません。

　　　　　　アルバイトが　あります。

森先生　　　何時から　何時まで　ですか。

キム　　　　5時から　9時まで　です。

森先生　　　何の　アルバイトですか。

キム　　　　コンビニの　店員です。

今 지금	何時 몇 시　　これから 지금부터. 그 외에 (앞으로)의 의미도 있다.
授業 수업	アルバイト 아르바이트. 준말은 「バイト」.
コンビニ 편의점. 정확히는 「コンビニエンスストア」.	店員 점원

○1 ～から～まで 〈~부터 ~까지〉

〔名詞1〕 から 〔名詞2〕 まで

〔명사1〕 부터 〔명사2〕 까지

「から」는 시간·장소의 출발점을 나타내고, 「まで」는 종점을 나타낸다.

예: 仕事は　9時から　6時まで　です。

　　일은 9시부터 6시까지입니다.

　　ソウルから　東京まで　飛行機で　2時間です。

　　서울에서 도쿄까지 비행기로 2시간입니다.

01 시간

時 시

0時 れいじ	1時 いちじ	2時 にじ	3時 さんじ	4時 よじ	5時 ごじ	6時 ろくじ	7時 しちじ
8時 はちじ	9時 くじ	10時 じゅうじ	11時 じゅういちじ	12時 じゅうにじ	午前 오전 ごぜん	午後 오후 ごご	

分 분

1分 いっぷん	2分 にふん	3分 さんぷん	4分 よんぷん
5分 ごふん	6分 ろっぷん	7分 ななふん	8分 はちふん（はっぷん）
9分 きゅうふん	10分 じゅっぷん	15分 じゅうごふん	20分 にじゅっぷん
30分 さんじゅっぷん	45分 よんじゅうごふん	半 はん	

01 아래의 그림을 보면서, 서로 질문을 하고, 시간을 말하는 법을 외웁시다.

예 A : すみません。今何時ですか。
B : (　　　　) 時 (　　　　) 分 です。

① 

② 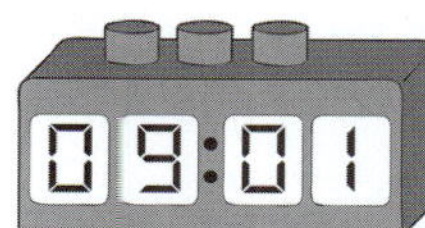

③ 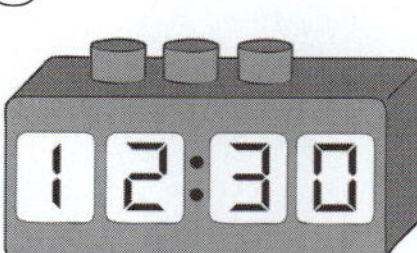

④ 

⑤ 

⑥ 

TRY1 아래의 그림을 보면서, 각각 시간을 물어 봅시다.

A : 시간을 묻는 사람

B : 시간을 가르쳐주는 사람

①

②

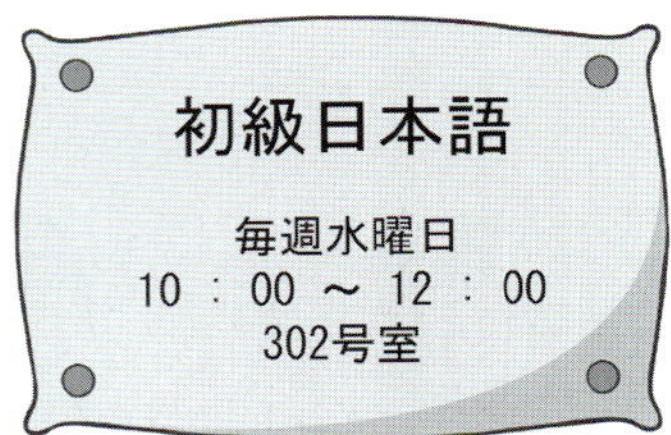

③

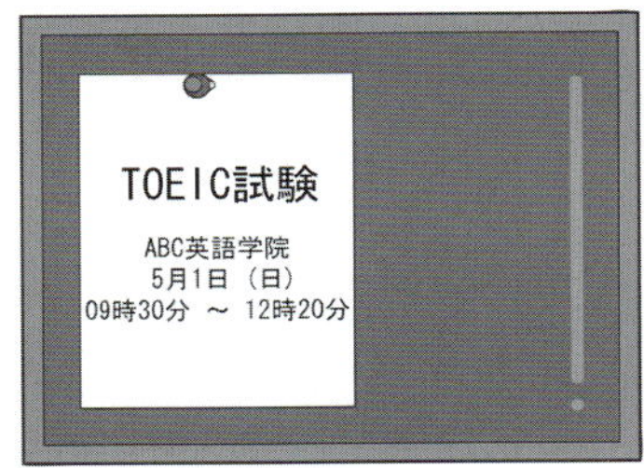

④

⑤

⑥

Memo

キム　　　中田さんの　会社の　夏休みは　いつですか。

中田　　　8月　3日から　8日まで　です。

キム　　　では、今週の　土曜日から　来週の　水曜日までですね。

中田　　　ええ、去年は　1週間でしたが、今年は　5日間です。

　　　　　キムさんは？

キム　　　ぼくは　夏休みが　ありません。

　　　　　でも、きょうから　あさってまで、授業は　休みです。

夏休み 여름휴가, 여름방학　　　　　しかし/けれども/だけど/でも 하지만

○1 ～はいつですか 〈~는 언제입니까?〉

〔名詞〕 は 〔疑問詞（いつ）〕 ですか。 ♪

〔명사〕 는 〔의문사(언제)〕 입니까?

예: 誕生日は いつですか。

생일은 언제입니까?

○2 ～でした 〈~이었습니다〉

〔名詞〕 でした。 / じゃ ありませんでした。

〔명사〕 이었습니다. / 가 아니었습니다.

예: 去年 わたしは 高校生でした。

작년에 저는 고등학생이었습니다.

きのう 美容院は 休みじゃ ありませんでした。

어제 미용실은 쉬는 날이 아니었습니다.

01 월·일·요일

月 월

1月 いちがつ	2月 にがつ	3月 さんがつ	4月 しがつ	5月 ごがつ	6月 ろくがつ
7月 しちがつ	8月 はちがつ	9月 くがつ	10月 じゅうがつ	11月 じゅういちがつ	12月 じゅうにがつ

曜日 요일

日曜日 にちようび	月曜日 げつようび	火曜日 かようび	水曜日 すいようび	木曜日 もくようび	金曜日 きんようび	土曜日 どようび

日 일

にちようび 日曜日	げつようび 月曜日	かようび 火曜日	すいようび 水曜日	もくようび 木曜日	きんようび 金曜日	どようび 土曜日
	1日 ついたち	2日 ふつか	3日 みっか	4日 よっか	5日 いつか	6日 むいか
7日 なのか	8日 ようか	9日 ここのか	10日 とおか	11日 じゅういちにち	12日 じゅうににち	13日 じゅうさんにち
14日 じゅうよっか	15日 じゅうごにち	16日 じゅうろくにち	17日 じゅうしちにち	18日 じゅうはちにち	19日 じゅうくにち	20日 はつか
21日 にじゅういちにち	22日 にじゅうににち	23日 にじゅうさんにち	24日 にじゅうよっか	25日 にじゅうごにち	26日 にじゅうろくにち	27日 にじゅうしちにち
28日 にじゅうはちにち	29日 にじゅうくにち	30日 さんじゅうにち	31日 さんじゅういちにち			

おととい 그저께	きのう 어제	きょう 오늘	あした 내일	あさって 모레
せんしゅう 先 週 지난 주		こんしゅう 今 週 이번 주		らいしゅう 来 週 다음 주
せんげつ 先 月 지난 달		こんげつ 今 月 이번 달		らいげつ 来 月 다음 달
きょねん 去 年 작년		ことし 今年 올해		らいねん 来 年 내년

まい 毎〜 매〜	まいとし 毎年 매년	まいつき 毎 月 매월	まいしゅう 毎 週 매주	まいにち 毎 日 매일
まつ 〜末 〜말	ねんまつ 年 末 연말	げつまつ 月 末 월말	しゅうまつ 週 末 주말	

기간

なんにち かん 何日(間) 며칠 (간)	なんしゅうかん 何週間 몇 주간	なん げつ かん 何か月(間) 몇 월(간)	なんねん かん 何年(間) 몇 년(간)
いちにち 1日 일일	いっしゅうかん 1週間 일주일간	いっ げつ かん ひとつき 1か月(間)/1月 일 개월(간)/한달	いちねん かん 1年(間) 일 년(간)
ふつか かん 2日(間) 이 일(간)	にしゅうかん 2週間 이 주일간	に げつ かん 2か月(間) 이 개월(간)	にねん かん 2年(間) 이년(간)

01 오늘은 5월 4일 화요일입니다. 사토 씨의 한 주간을 설명해 봅시다.

佐藤さんの一週間のスケジュール 사토씨의 한 주간의 스케줄

		きょう 오늘				
2日	3日	4日	5日	6日	7日	8日
日曜日	月曜日	火曜日	水曜日	木曜日	金曜日	土曜日
アルバイト	大学	大学	デート	歯医者	大学	ヨガ

TRY1 【장면2】를 참고하면서, 대학교의 중간고사 일정을 확인해 봅시다.

    A : 일정을 묻는 사람

    B : 일정을 가르쳐주는 사람

TRY2 반 친구에게 생일을 소개해 봅시다.

わたし/ぼくの 誕生日(たんじょうび)は（　　　　）月(がつ)（　　　　）日(にち/か) です。
今年(ことし)は（　　　　）曜日(ようび) です/でした。

05 お酒をよく 飲みますか。
술을 잘 마십니까?

【장면1】김 씨와 나카다 씨는 술에 대한 이야기를 하고 있습니다. 김 씨는 술을 좋아하는 것 같습니다.

中田　　キムさんは お酒を よく 飲みますか。

キム　　ときどき 飲みます。
　　　　中田さんは？

中田　　わたしは あまり 飲みません。
　　　　何を 飲みますか。

キム　　ビールや ワインや 焼酎を 飲みます。

中田　　だれと 飲みますか。

キム　　友だちと いっしょに 飲みます。

中田　　どこで 飲みますか。

キム　　家の ちかくに 居酒屋が あるので、そこで 飲みます。

酒 술	ワイン 와인	焼酎 소주
いっしょに 함께/같이	家 집	居酒屋 선술집

01 동사 (동작·존재·작용 등을 나타낸다/종지형＝ウ단)

Ⅰ그룹

- 기본형이「る」이외의 ウ단으로 끝나는 모든 동사
  会う 만나다 / 行く 가다 / 話す 말하다 / 読む 읽다 / 遊ぶ 놀다

- 「る」로 끝나는 동사 중에서 「る」의 앞의 모음이 [a] [u] [o] 로 끝나는 동사
  作る 만들다 / 乗る 타다

- 예외
  帰る 돌아가다 / 知る 알다 / 入る 들어가다 / 走る 달리다

Ⅱ그룹

- 「る」로 끝나는 동사 중에서「る」의 앞의 모음이 [i] [e] 로 끝나는 동사
  起きる 일어나다 / 見る 보다 / 食べる 먹다 / 開ける 열다

Ⅲ그룹

- 불규칙한 활용을 하는 동사
  する 하다 / 来る 오다

02 マス형의 활용Ⅰ

マス형의 현재·미래

긍정	〜ます	〜합니다.
부정	〜ません	〜하지 않습니다.
의문	〜ますか	〜합니까?

Ⅰ그룹

어간＋어미의「イ段」＋ます　　　　　　マス형

会う	만나다	会い＋ます ＝ 会います	만납니다
読む	읽다	読み＋ます ＝ 読みます	읽습니다

Ⅱ그룹

어간＋ます

見る	보다	見る＋ます ＝ 見ます	봅니다
食べる	먹다	食べる＋ます ＝ 食べます	먹습니다

Ⅲ그룹

する　하다　します　합니다　／　来る　오다　来ます　옵니다

○3　〜ので 〈이유〉

〔文〕 ので

〔문장〕 때문에

이유를 나타내는「ので」에는 객관적인 뉘앙스가 있다. 문말에는 사용하지 않는다.

예：きょうは デモがあるので、車が 動きません。

　　오늘은 데모가 있기 때문에, 차가 움직이지 않습니다.

○4　부사

よく・ときどき ＋ 〈긍정・부정형〉 / あまり・ぜんぜん ＋ 〈부정형〉

자주・가끔　　　　　　　　　　　　／ 그다지・전혀

예：わたしは よく 日本の 映画を 見ます。　저는 자주 일본영화를 봅니다.

　　鈴木さんは あまり スポーツを しません。

　　스즈키 씨는 그다지 스포츠를 하지 않습니다.

○5　조사

や(〜이나)　　　かばんの 中に 財布や ケータイが あります。

　　　　　　　가방 안에 지갑이나 휴대전화가 있습니다.

01 보기와 같이 다음 표를 완성해 봅시다.

動詞活用Ⅰ 동사활용Ⅰ

기본형		～ます	～ません	～ませんか
行^いく	가다	行^いきます	行^いきません	行^いきませんか
書^かく	쓰다			
話^{はな}す	말하다			
聞^きく	듣다			
読^よむ	읽다			
遊^{あそ}ぶ	놀다			
飲^のむ	마시다			
乗^のる	타다			
起^おきる	일어나다			
寝^ねる	자다			
食^たべる	먹다			
見^みる	보다			
する	하다			
来^くる	오다			

01 예와 같이 문장을 만들어 말해 봅시다.

예： きょう大学へ行く/はい/いいえ
A： きょう大学へ行きますか。
B： はい、行きます。
　　 いいえ、行きません。

本を読む/はい/いいえ

レポートを書く/はい/いいえ

友だちに会う/はい/いいえ

ごはんを食べる/はい/いいえ

テレビを見る/はい/いいえ

バスに乗る/はい/いいえ

TRY1 【장면2】를 참고하면서, 친구에게 영화/음악에 대해 물어 봅시다.

A : 질문을 하는 사람

B : 질문에 대답하는 사람

＊映画を見る

アクション・コメディ・ラブロマンス・ホラー・アニメ

＊音楽を聞く

ロック・ジャズ・ポップス・ヒップホップ・クラシック

TRY2 자신의 하루를 설명해 봅시다.

예 : 朝 7 時に起きます。→ （そして/それから?）→ごはんを食べます。→

（そして/それから?）→（そして/それから?）地下鉄に乗ります。→・・・

Memo

【장면2】 나카다 씨는 주말에 데이트를 했나 봅니다. 김 씨는 조금 지루한 것 같습니다.

キム　　　週末は　何を　しましたか。

中田　　　彼と　デートを　しました。

キム　　　どこに　行きましたか。

中田　　　映画館で　映画を　見ました。

キム　　　それから?

中田　　　横浜まで　ドライブしました。

　　　　　すこし　疲れました。一日中　遊びましたから。

　　　　　キムさんは?

キム　　　ふーん。ぼくは　家に　いました。

　　　　　でも　勉強は　ぜんぜん　しませんでした。

彼 남자친구/彼女 여자친구　　　デート 데이트　　　映画／映画館 영화/영화관

横浜 요코하마. 카나가와현의 현청소재지. 도쿄만에 면해, 에도시대 말에 개항. 항구와 중화거리가 유명.

ドライブする 드라이브하다　　　すこし/ちょっと 조금　　　疲れる 지치다/피곤하다

一日中 하루종일

O1 マス형의 활용 II

ます형의 과거

긍정	〜ました	〜했습니다.
부정	〜ませんでした	〜하지 않았습니다.
권유	〜ましょう	〜합시다.

O2 〜から〈이유〉

〔文〕 から

〔문장〕 때문에

이유를 나타내는 「から」에는 주관적인 뉘앙스가 있다. 문말에도 사용한다.

예: 熱があるから、きょうは 会社を 休みました。

열이 있어서, 오늘은 회사를 쉬었습니다.

O3 조사

で(〜에서)　　　조사 「で」는 장소를 나타낸다.

図書館で 勉強しました。

도서관에서 공부했습니다.

01 보기와 같이 다음 표를 완성해 봅시다.

動詞活用Ⅱ 동사활용Ⅱ

기본형		～ました	～ませんでした	～ましょう
話す (はな)	말하다	話しました (はな)	話しませんでした (はな)	話しましょう (はな)
買う (か)	사다			
売る (う)	팔다			
帰る (かえ)	돌아가다			
歩く (ある)	걷다			
待つ (ま)	기다리다			
歌う (うた)	노래하다			
泳ぐ (およ)	헤엄치다			
働く (はたら)	일하다			
休む (やす)	쉬다			
習う (なら)	배우다			
教える (おし)	가르치다			
勉強する (べんきょう)	공부하다			
来る (く)	오다			

01 예와 같이 문장을 만들어 말해 봅시다.

예 : きのう大学へ行く／はい／いいえ
A : きのう大学へ行きましたか。
B : はい、行きました。
　　いいえ、行きませんでした。

友だちと遊ぶ／はい／いいえ

お酒を飲む／はい／いいえ

辞書を買う／はい／いいえ

先生に話す／はい／いいえ

電話する／はい／いいえ

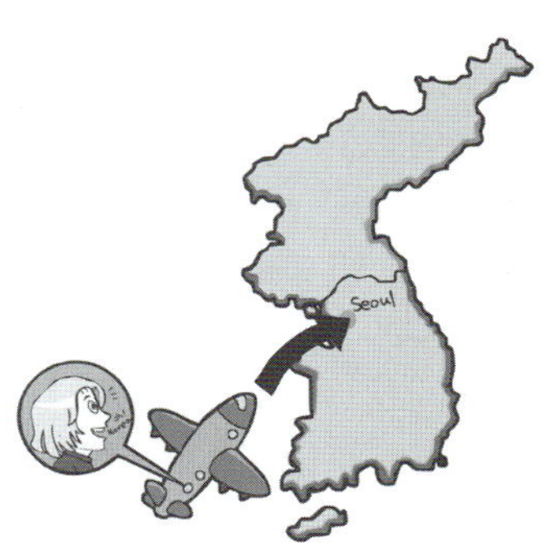

韓国に来る／はい／いいえ

TRY1 【장면2】를 참고하면서, 서로의 주말에 대해서 친구와 이야기해 봅시다.

A : 주말에 대해 묻는 사람

B : 주말에 대해 말하는 사람

Memo

06 いっしょに行きませんか。
같이 가지 않겠습니까?

【장면1】 김 씨는 잡지에서 가마쿠라에 대해 알게 되었습니다. 도쿄에서 그다지 멀지 않습니다.

キム	今度、鎌倉へ 行きたいです。
	中田さん、いっしょに お寺や 神社を
	見に 行きませんか。
中田	いいですね。
	ぜひ、行きましょう。
キム	鎌倉を 歩きながら、日本の 歴史や 文化が
	知りたいです。
中田	いつ 行きますか。
キム	来週の 日曜日は どうですか。
中田	じゃ、どこで 会いますか。
キム	東京駅の 日本橋口で 10時に 会いましょう。

今度 이번	鎌倉 가마쿠라. 카나가와현에 있다. 1192년부터 약 150년간, 막부가 있었던 곳. 절과 신사가 많다.	
寺 절	神社 신사	ぜひ 꼭
歴史 역사	文化 문화	知る 알다
どうですか 어떻습니까	東京駅の日本橋口 도쿄역 니혼바시입구	

01 ～ませんか · ～ましょう 〈권유〉

〔動詞(ます形)〕 ませんか。 / 〔動詞(ます形)〕 ましょう。

〔동사〕 하지 않겠습니까? / 〔동사〕 합시다.

예:いっしょに ごはんを 食べませんか。 함께 밥을 먹지 않겠습니까?

　　 ええ、食べましょう。 네, 먹읍시다.

02 ～に行きます 〈~하러 갑니다〉

〔動詞(ます形)〕 に 行きます / 来ます / 帰ります。

〔동사〕 하러 갑니다. / 옵니다. / 돌아갑니다.

※「に」의 뒤에는 이동동사가 온다.

예: 渋谷へ 行きます。+ 渋谷で 遊びます。 → 渋谷へ 遊びに 行きます。

　 시부야에 갑니다. + 시부야에서 놉니다. → 시부야에 놀러 갑니다.

03 ～たいです 〈희망·소원〉

〔動詞(ます形)〕 + たいです。

〔동사〕~하고 싶습니다.

예: 映画が 見たいです。 영화를 보고 싶습니다.

04 ～ながら、～ 〈~하면서,~〉

〔動詞1(ます形)〕 + ながら、 〔動詞2〕

〔동사1〕 하면서 〔동사2〕

예: 音楽を 聞きながら、宿題を します。 음악을 들으면서, 숙제를 합니다.

05 조사

へ (~에) 　　조사「へ」는 장소·방향을 나타낸다.

　　　　　　 来年、大学へ行きます。 내년, 대학교에 갑니다.

に (~에) 　　조사「に」는 시간을 나타낸다.

　　　　　　 毎日、7時に起きます。 매일 7시에 일어납니다.

○1 지금 무엇을 가장 하고 싶습니까? 문장을 만들어 봅시다.

．

．

．

○2 자신의 하루를 상기하여, 「〜ながら、〜」의 문형을 이용해, 문장을 만들어 봅시다.

．

．

．

TRY1 【장면2】를 참고하면서, 친구에게 영화/여행/식사를 제의해 봅시다.

그때 만날 시간과 장소도 정하세요.

A : (　　　　　　　)를 제의하는 사람

B : (　　　　　　　)를 제의받는 사람

Memo

キム　　　この　歌は　歌いやすいですか?

中田　　　んー。　ちょっと　歌いにくいですが、人気が　あります。

キム　　　では、もう　1曲　歌いましょう。

中田　　　キムさん、もう　10曲目ですよ。

　　　　　のどは　だいじょうぶですか。

キム　　　はい、水が　ほしいです。

　　　　　きょうは　すこし　歌い　すぎましたね。

歌 노래	歌う 부르다	人気 인기	もう 벌써
10曲目 10곡째	のど 목	だいじょうぶですか 괜찮습니까?	水 물

ほしい 갖고 싶다. 여기에서는 「飲みたい (마시고 싶다)」의 의미.

01　〜やすい/にくい 〈~하기 쉽습니다/어렵습니다〉

〔動詞(ます형)〕　＋　やすいです。　／　にくいです。

〔동사〕　　　　　　　하기 쉽습니다. / 하기 어렵습니다.

예 : この　ケータイは　使いやすいです。

　　이 휴대전화는 사용하기 쉽습니다.

　　着物は　歩きにくいです。

　　기모노는 걷기 어렵습니다.

02　〜すぎる 〈너무~합니다〉

〔動詞(ます형)〕　＋　すぎます。

너무 〔동사〕 합니다.

예 : きのうは　飲みすぎました。　어제는 너무 마셨습니다.

　　「〜すぎる」는 부정적인 뉘앙스를 포함하고 있다.

　　또한 イ형용사・ナ형용사의 어간에도 접속한다.

예 : 今年の　夏は　暑すぎました。

　　올해 여름은 너무 더웠습니다.

　　山本先生は　まじめすぎます。

　　야마모토 선생님은 너무 성실합니다.

03　〜がほしいです 〈~(을)를 갖고 싶습니다〉

〔名詞〕　が　　　ほしいです。

〔명사〕 (을)를　갖고 싶습니다.

예 : やさしい　恋人が　ほしいです。

　　상냥한 애인을 갖고 싶습니다.

○1 이하의 어구에 이어, 「～やすい/にくい」를 사용하여 문장을 만들어 봅시다.

○2 「～すぎる」를 사용하여, 무언가나 누군가에게 불만을 말해 봅시다.

·

·

·

TRY1 일상생활에서 쉬운 일과 어려운 일은 무엇입니까? 「〜やすい／にくい」를 사용하여,
문장을 만들어 봅시다.

-
-
-

TRY2 자신이 「ほしい」 것에 대해서 간단히 이야기 해 봅시다. 그것이 왜 갖고 싶은지
이유도 이야기해 주세요.

-
-
-

Memo

【장면1】 김 씨가 종종 가는 한국음식점에서 김 씨와 나카다 씨는 식사를 하고 있습니다.

キム　　その　キムチチゲは　おいしいですか。
　　　　すこし　辛（から）くありませんか。

中田（なかだ）　いいえ、辛（から）くないです。

キム　　ここは　安（やす）くて、おいしい　お店（みせ）です。
　　　　何（なに）か　飲（の）みますか。

中田（なかだ）　そうですね。マッコルリと　焼酎（しょうちゅう）と　どちらが　強（つよ）いですか。

キム　　どちらも　強（つよ）いですが、　マッコルリ　より
　　　　焼酎（しょうちゅう）の　ほうが　強（つよ）いです。

中田（なかだ）　じゃあ、焼酎（しょうちゅう）をください。

キム　　だいじょうぶですか。

キムチチゲ 김치찌개　　辛（から）い イA. 맵다　　店（みせ） 가게　　何（なに）か 무엇인가가
そうですね 그렇네요.　　マッコルリ 막걸리　　強（つよ）い 강하다

01 형용사 (성질·상태 등을 나타낸다)

> **イ형용사**
>
> 종지형이 「い」로 끝나는 형용사
>
> 暑い 덥다 / 大きい 크다 / おいしい 맛있다 / むずかしい 어렵다

> **ナ형용사**
>
> 종지형이 「だ」로 끝나는 형용사
>
> 好きだ 좋아하다 / きれいだ 예쁘다, 깨끗하다 / かんたんだ 간단하다 / 有名だ 유명하다

02 イ형용사 현재

① 〔名詞〕 は 〔イ形容詞〕 です。

 〔명사〕 는 〔イ형용사〕 합니다.

② 〔名詞〕 は 〔イ形容詞〕 いくありません / いくないです。

 〔명사〕 는 〔イ형용사〕 ~하지 않습니다.

③ 〔イ形容詞〕 ＋ 〔名詞〕

 〔イ형용사〕 ＋ 〔명사〕

④ 〔イ形容詞〕 いくて、~

 〔イ형용사〕 하고, ~

 예: 山本先生は やさしいです。

 야마모토 선생님은 상냥합니다.

 日本語は むずかしくありません。/ むずかしくないです。

 일본어는 어렵지 않습니다.

 これは おもしろい 本です。

 이것은 재미있는 책입니다.

 あの ビルは 大きくて 高いです。

 저 빌딩은 크고 높습니다.

○3 비교 I

① 〔名詞1〕 と 〔名詞2〕 と どちらが 〔イ・ナ形容詞〕 ですか。

〔명사1〕 와 〔명사2〕 중 어느 쪽이 〔형용사〕 합니까?

② どちらも 〔イ・ナ形容詞〕 です。

어느 쪽이나 〔형용사〕 합니다.

「どれ」는 복수 중에서, 「どちら・どっち」는 두 개 중에서 하나를 선택할 때 쓴다.

예:ライオンと 虎と どちらが 大きいですか。

사자와 호랑이 중 어느 쪽이 큽니까?

どちらも 大きいです。

어느 쪽도 큽니다.

○4 비교 II

① 〔名詞1〕 は 〔名詞2〕 より 〔イ・ナ形容詞〕 です。

〔명사1〕 는 〔명사2〕 보다 〔형용사〕 합니다.

② 〔名詞2〕 より 〔名詞1〕 の ほうが 〔イ・ナ形容詞〕 です。

〔명사2〕 보다 〔명사1〕 쪽이 〔형용사〕 합니다.

예: 象は ライオンより 大きいです。

코끼리는 사자보다 큽니다.

ライオンより 象の ほうが 大きいです。

사자보다 코끼리쪽이 큽니다.

○5 何か/だれか 〈무엇인가/누군가〉

예: 教室の 中に だれか いますか。

はい、パクさんが います。/ いいえ、だれも いません。

교실 안에 누군가 있습니까? / 네, 박 씨가 있습니다. / 아니요, 아무도 없습니다.

O1 보기와 같이 다음 표를 완성해 봅시다.

イ形容詞活用Ⅰ 이형용사활용Ⅰ

기본형	～です	～いくありません	～いくて
あつ 暑い　덥다	あつ 暑いです	あつ 暑くありません	あつ 暑くて
さむ 寒い　춥다			
おお 大きい　크다			
ちい 小さい　작다			
たか 高い　높다			
ひく 低い　낮다			
やす 安い　싸다			
おもしろい　재미있다			
いい　좋다			
わる 悪い　나쁘다			

01 예와 같이 문장을 만들어 이야기해 봅시다.

예：ソウルタワー/高<ruby>高<rt>たか</rt></ruby>い/はい/いいえ

A：ソウルタワーは<ruby>高<rt>たか</rt></ruby>いですか

B：はい、<ruby>高<rt>たか</rt></ruby>いです。

いいえ、<ruby>高<rt>たか</rt></ruby>くありません。<ruby>低<rt>ひく</rt></ruby>いです。

ビール/つめたい/はい/いいえ

<ruby>彼女<rt>かのじょ</rt></ruby>/かわいい/はい/いいえ

<ruby>先生<rt>せんせい</rt></ruby>/やさしい/はい/いいえ

<ruby>大学<rt>だいがく</rt></ruby>/小さい/はい/いいえ

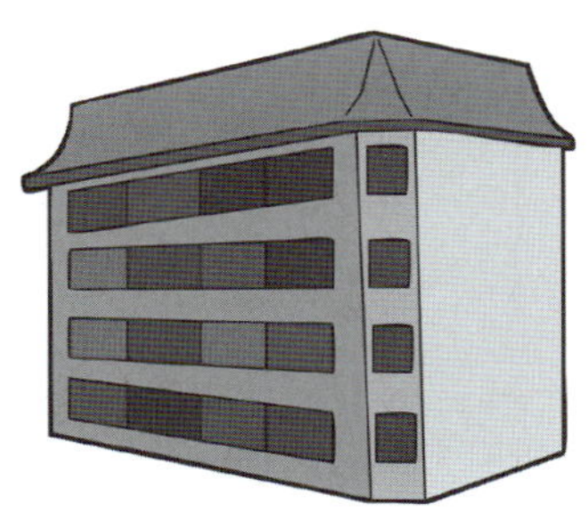

<ruby>家<rt>いえ</rt></ruby>/<ruby>新<rt>あたら</rt></ruby>しい/はい/いいえ

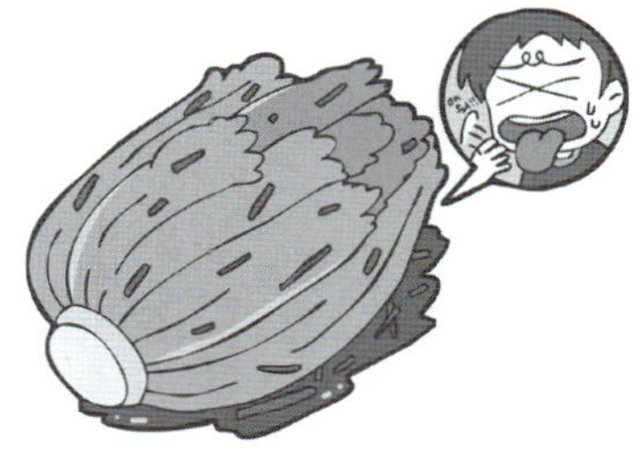

キムチ/からい/はい/いいえ

TRY1 〈비교〉의 문형을 이용해, 아래의 두 개를 비교해 봅시다.

A : (　　　)と　(　　　)と　どちらが　(　　　)ですか。

B : (　　　)は　(　　　)より　(　　　) です。

　　(　　　)より　(　　　)のほうが(　　　) です。

　　どちらも(　　　) です。

中国と日本（국토/인구）

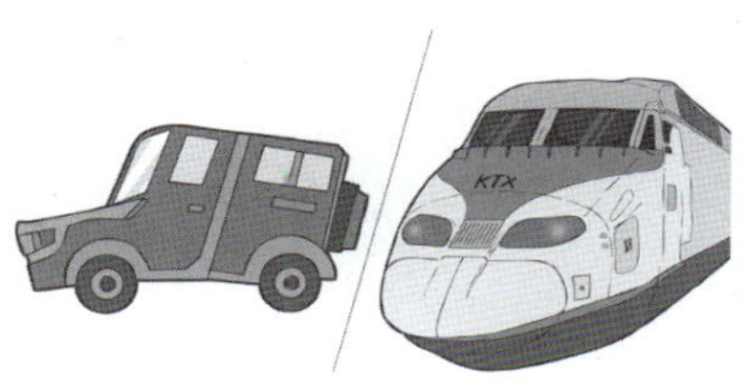

自動車とＫＴＸ（속도/가격）

ＡとＢ（자유）

Memo

中田（なかだ）　さっきの　ハリーポッターは　おもしろかったですか。

キム　　とても　おもしろかったですが、

　　　　あまり　こわくありませんでした。

中田（なかだ）　ええ、そうですね。

キム　　でも、シリーズの　中（なか）で　これが　いちばん　よかったです。

中田（なかだ）　キムさんは　どこが　よかったですか。

キム　　うーん。主人公（しゅじんこう）が　かわいかったです。

さっき 조금 전에/아까	ハリーポッター 해리포터	とても 매우/아주	こわい 무섭다
シリーズ 시리즈	主人公（しゅじんこう） 주인공	かわいい 귀엽다	

○**1** イ형용사 과거

① 〔名詞〕 は 〔イ形容詞〕 〜かったです。

〔명사〕 는 〔イ형용사〕 했습니다.

② 〔名詞〕 は 〔イ形容詞〕 〜くありませんでした　/　〜くなかったです。

〔명사〕 는 〔イ형용사〕 ~하지 않았습니다.

예 : 修学旅行は 楽しかったです。

수학여행은 즐거웠습니다.

試験は むずかしく ありませんでした。

시험은 어렵지 않았습니다.

○**2** 비교Ⅲ

〔名詞1〕 の 中で 〔名詞2〕 が いちばん 〔イ・ナ形容詞〕 です。

〔명사1〕 중에서 〔명사2〕 가 가장 〔형용사〕 합니다.

예 : スポーツ の 中で 野球が いちばん おもしろいです。

스포츠 중에서 야구가 가장 재미있습니다.

01 보기와 같이 다음 표를 완성해 봅시다.

イ形容詞活用Ⅱ 이형용사활용Ⅱ

기본형	~です	~いかったです	~いくありませんでした
おいしい　　맛있다	おいしいです	おいしかったです	おいしくありませんでした
いそがしい　바쁘다			
むずかしい　어렵다			
やさしい　　상냥하다/쉽다			
長い　　길다			
短い　　짧다			
新しい　　새롭다			
古い　　낡다			
熱い　　뜨겁다			
つめたい　　차갑다			

01 예와 같이 문장을 만들어 말해 봅시다.

예 : テスト/やさしい/はい/いいえ

A : テストはやさしかったですか

B : はい、やさしかったです。

　　いいえ、やさしくなかったです。むずかしかったです。

すし/おいしい/はい/いいえ

アルバイト/いそがしい/
はい/いいえ

指輪(ゆびわ)/高(たか)い/はい/いいえ

ゲーム/おもしろい/はい/いいえ

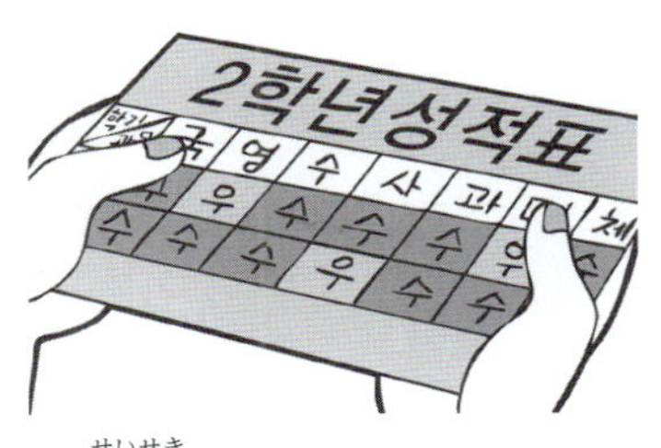

成績(せいせき)/いい/はい/いいえ

スキー場(じょう)/寒(さむ)い/はい/いいえ

TRY1 【장면2】를 참고하면서, 친구와 중간고사/고등학교 시절에 대해서 서로 이야기해 봅시다.

「Aの中でBがいちばん〜です」의 문형을 꼭 사용할 것.

A : (   )에 대해 묻는 사람

B : (   )에 대해 대답하는 사람

Memo

08 きれいで静かな町です。
아름답고, 조용한 도시입니다.

【장면1】 김 씨는 모리 선생님의 고향에 대해서 질문을 하고 있습니다.

キム	森先生の ふるさとは どこですか。
森先生	島根県の 松江です。
キム	そこは どんな 町ですか。
森先生	とても きれいで 静かな 町です。
	でも、交通は、あまり 便利じゃ ありません。
	宍道湖の しじみと 出雲神社が 有名です。
	出雲神社には 縁結びの 神様が います。

ふるさと 고향	**島根県の松江** 시마네현의 마츠에. 시마네현은 일본 중국지방이며, 마츠에는 그 현청소재지.	
町 도시	**どんな** 어떤	**交通** 교통
宍道湖のしじみ 신지 호수의 바지락	**出雲神社** 이즈모 신사. 일본에서 가장 오래된 신사 중 하나. 본전은 국보.	
縁結び 연분맺기. 남녀의 좋은 연분을 맺는 것.	**神様** 신. 「様」는 존칭.	

01 ナ형용사 현재

① 〔名詞〕 は 〔ナ形容詞〕 だです.

〔명사〕 는 〔ナ형용사〕 합니다.

② 〔名詞〕 は 〔ナ形容詞〕 だじゃありません / じゃないです.

〔명사〕 는 〔ナ형용사〕 ～지 않습니다.

③ 〔ナ形容詞〕 だな ＋ 〔名詞〕

〔ナ형용사〕　　　　＋ 〔명사〕

④ 〔ナ形容詞〕 だで、～

〔ナ형용사〕 하고, ～

예: 東京は にぎやかです。 도쿄는 번화합니다.

試験は 簡単ではありません。簡単じゃないです。 시험은 간단하지 않습니다.

パクさんは 元気な 人 です。 박 씨는 건강한 사람입니다.

鈴木先生は きれいで 親切です。 스즈키 선생님은 예쁘고, 친절합니다.

02 どんな 〈어떤〉

どんな 〔名詞〕

어떤 〔명사〕

예: 山本先生は どんな先生 ですか。 야마모토 선생님은 어떤 선생님입니까?

03 부사

형용사의 앞에 붙어, 정도를 나타낸다. 「あまり」「ぜんぜん」은 부정표현에 사용한다.

ちょっと / とても / あまり / ぜんぜん

조금 / 매우 / 그다지 / 전혀

예: パクさんの お母さんは とても きれいです。 박 씨의 어머니는 매우 아름답습니다.

ピアノは あまり 上手では ありません。 피아노는 그다지 능숙하지 않습니다.

01 보기와 같이 다음 표를 완성해 봅시다.

ナ形容詞活用Ⅰ 나형용사활용Ⅰ

기본형	~だです	~だじゃありません	~だで
好きだ 좋아하다	好きです	好きじゃありません	好きで
きらいだ 싫어하다			
きれいだ 예쁘다			
親切だ 친절하다			
しずかだ 조용하다			
にぎやかだ 활기차다			
有名だ 유명하다			
じょうずだ 능숙하다			

01 예와 같이 문장을 만들어 말해 봅시다.

예 : ソウル／静か／はい／いいえ

A : ソウルは静かですか

B : はい、静かです。

いいえ、静かじゃありません。にぎやかです。

部屋／きれいだ／はい／いいえ

日本人／親切だ／はい／いいえ

ジャニーズ／有名だ／
はい／いいえ

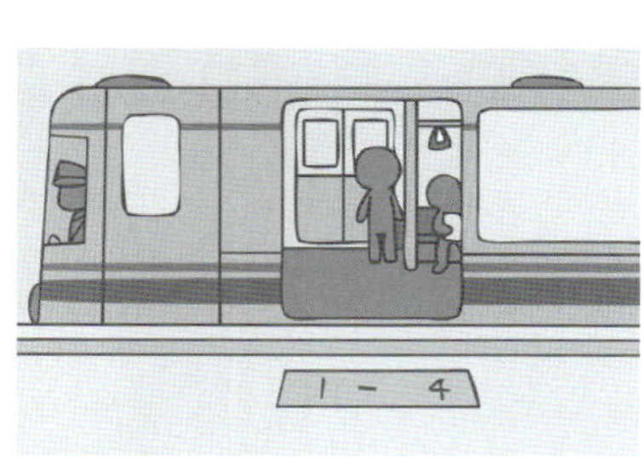

地下鉄／便利だ／はい／いいえ

ピアノ／じょうずだ／はい／いいえ

虫／きらいだ／はい／いいえ

TRY1 【장면1】을 참고하면서, 서울/자신의 대학에 대해서 소개해 봅시다.

    A : (　　　　　　　　) 에 대해 묻는 사람

    B : (　　　　　　　　) 에 대해 소개하는 사람

Memo

中田　　わたしは　高校の　授業の　中で　数学が　きらいでした。

キム　　そうですか。ぼくは　数学と　物理は　とくいでした。

　　　　中田さんの　好きな　科目は　何でしたか。

中田　　音楽が　好きでした。

キム　　それで、歌が　上手なのですね。

　　　　ぼくは　歌が　にがてで、子どもの　ころは

　　　　好きではありませんでした。

中田　　でも、カラオケでは　上手でしたよ。

キム　　ええ、今は　大好きに　なりました。

高校 고등학교	**数学** 수학	**物理** 물리	**科目** 과목
音楽 음악	**子どものころ** 어릴 적/어렸을 때	**カラオケ** 노래방	

○1 ナ형용사 과거

① 〔名詞〕 は 〔ナ形容詞〕 でした。

〔명사〕 는 〔ナ형용사〕 했습니다.

② 〔名詞〕 は 〔ナ形容詞〕 じゃありませんでした　/　じゃなかったです。

〔명사〕 는 〔ナ형용사〕 ~하지 않았습니다.

예： 学生の 時、英語が 苦手でした。 학생 때, 영어를 잘 못했습니다.

週末、わたしは ひまじゃありませんでした。 주말에 저는 한가하지 않았습니다.

○2 ～が 好きです ⟨~(을)를 좋아합니다⟩

〔名詞〕 が　 好きです。　・ きらいです。　/　とくいです。・ にがてです。

〔명사〕 (을)를 좋아합니다. ・ 싫어합니다.　/　잘 합니다. ・ 잘 못합니다.

예： わたしは サッカーが 好きです。 저는 축구를 좋아합니다.

パクさんは 料理が にがてです。 박 씨는 요리를 잘 못합니다.

○3 ～く なります/～に なります ⟨~하게 됩니다⟩

① 〔名詞〕 ＋ に なります。

〔명사〕　 가 됩니다.

② 〔イ形容詞〕 ＋ く なります。

〔イ형용사〕　 하게 됩니다.

③ 〔ナ形容詞〕 ＋ に なります。

〔ナ형용사〕　 하게 됩니다.

예：佐々木さんは 医者に なりました。 사사키 씨는 의사가 되었습니다.

春が 来れば、暖かく なります。 봄이 오면, 따뜻해집니다.

イムさんは 日本語が じょうずに なりました。

임 씨는 일본어가 능숙해졌습니다.

O1 보기와 같이 다음 표를 완성해 봅시다.

ナ形容詞活用Ⅱ 나형용사활용Ⅱ

기본형	～だです	～だでした	～だじゃありませんでした
とくいだ　잘한다	とくいです	とくいでした	とくいじゃありませんでした
にがてだ　잘 못합니다			
べんり 便利だ　편리하다			
かんたんだ　간단하다			
げんき 元気だ　건강하다			
ひまだ　한가하다			
まじめだ　성실하다			
へただ　서툴다			

野球
やきゅう

야구

サッカー

축구

バスケットボール

농구

テニス

테니스

バドミントン

배드민턴

卓球
たっきゅう

탁구

バレーボール

배구

ボーリング

볼링

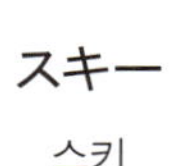

スキー

스키

スケート

스케이트

ねこ	さる	うま 馬	とら	うし 牛
고양이	원숭이	말	호랑이	소

ぞう	パンダ	コアラ	うさぎ
코끼리	팬더	코알라	토끼

01 예와 같이 문장을 만들어 말해 봅시다.

예 : 勉強／好きだ／はい／いいえ

A : 勉強は好きでしたか

B : はい、好きでした。

　　いいえ、好きじゃありませんでした。きらいでした。

試験／かんたんだ／
はい／いいえ

週末／ひまだ／はい／いいえ

鈴木さん／元気だ／
はい／いいえ

高校生のとき／まじめだ／
はい／いいえ

京都／にぎやかだ／はい／いいえ

料理／にがてだ／はい／いいえ

TRY1 【장면2】를 참고하면서, 좋아하는 <u>스포츠/동물</u>에 대해서 이야기해 봅시다.

또한, 왜 그것이 좋은지 설명해 봅시다.

A : Bさんはスポーツ/動物が好きですか。

B : (　　　　　　)。

A : では、スポーツ/動物の中で何がいちばん好きですか。

B : (　　　　　　)。

A : どんなところが好きですか。

B : (　　　　　　)。

Memo

09 すぐに寝てください。
바로 주무세요.

【장면1】김 씨가 감기에 걸렸나 봅니다.

キム　　風邪をひいて、すこし　具合が　悪いです。

中田　　病院へ　行って、薬を　もらいましたか。

キム　　いいえ。まだ　行って　いません。

中田　　では、わたしが　薬を　あげましょうか。

キム　　薬は　もう　買いました。

中田　　そうですか。
　　　　はやく　家に　帰って、薬を　飲んでから、
　　　　すぐに　寝て　ください。
　　　　お大事に。

キム　　ありがとう。

風邪をひく 감기에 걸리다	**具合が悪い** 몸이 좋지 않습니다/몸이 아프다	**病院** 병원	**薬** 약
もらう 받다	**あげる** 주다	**はやく** 빨리	**すぐに** 바로

お大事に 몸조리 잘하세요. 「몸을 소중히 해 주세요」라는 의미의 인사 표현. 병이나 상처를 입은 사람에게 말한다. 헤어질 때 사용한다.

01 テ형의 활용

テ형

〜て/で   ~하고/~해

I 그룹

어미+〜て/で   テ형

く → 〜いて	쓰다	書く+いて=書いて	쓰고
ぐ → 〜いで	수영하다	泳ぐ+いで=泳いで	수영하고
す → 〜して	말하다	話す+して=話して	말하고
う·つ·る → って	만나다	会う+って=会って	만나고
	타다	乗る+って=乗って	타고
ぬ·ぶ·む → 〜んで	놀다	遊ぶ+んで=遊んで	놀고
	마시다	飲む+んで=飲んで	마시고

II 그룹

| る →〜て | 보다 | 見る+見て | 보고 |
| | 먹다 | 食べる+て=食べて | 먹고 |

III 그룹

하다 する → して 하고 / 오다 来る → 来て 오고

02 〜て、〜 〈~서〉

〔動詞(テ형)〕 、〜

〔동사〕   ~서

예：きのうはデパートに行って、映画を見ました。

　　어제는 백화점에 가서 영화를 보았습니다.

　　朝、交通事故が あって、遅刻しました。　아침에 교통사고가 나서, 지각했습니다.

○3 ～てから、～ 〈~하고 나서~〉

〔動詞(テ형)〕 ＋ から、～

〔동사〕　　　　　　고 나서~

예: 顔を 洗ってから、食事を しました。

　　얼굴을 씻고 나서, 식사를 했습니다.

○4 ～てください 〈~해 주세요〉

〔動詞(テ형)〕 ください。

〔동사〕　　　 해 주세요.

예:その 傘を とってください。

　　그 우산을 집어 주세요.
　　韓国に 遊びに 来て ください。
　　한국에 놀러와 주세요.

○5 ～ましょうか 〈제의〉

〔動詞(マス형)〕 ＋ ましょうか。

〔동사〕　　　　　　할까요?

　예: 荷物を もちましょうか。

　　짐을 들까요?

○6 부사

もう ＋ 〔肯定文〕 ／ まだ ＋ 〔否定文〕

벌써/이미　　~했다. ／ 아직　　　~안 했다.

예:もう 家に 着きましたか。

　　벌써 집에 도착했습니까?
　　まだ アルバイトが 終わっていません。
　　아직 아르바이트가 끝나지 않았습니다.

O1 보기와 같이 다음 표를 완성해 봅시다.

動詞活用Ⅲ 동사활용Ⅲ

기본형		テ형	기본형		テ형
行く	가다	行って	買う	사다	
書く	쓰다		売る	팔다	
話す	말하다		帰る	돌아가다	
聞く	듣다		歩く	걷다	
読む	읽다		走る	달리다	
遊ぶ	놀다		待つ	기다리다	
飲む	마시다		歌う	노래하다	
乗る	타다		泳ぐ	헤엄치다	
起きる	일어나다		働く	일하다	
寝る	자다		休む	쉬다	
食べる	먹다		習う	배우다	
見る	보다		教える	가르치다	
勉強する	공부하다		来る	오다	

01 예와 같이 문장을 만들어 말해 봅시다.

예 : ケータイを切る

A : すみません。ケータイを切ってください。

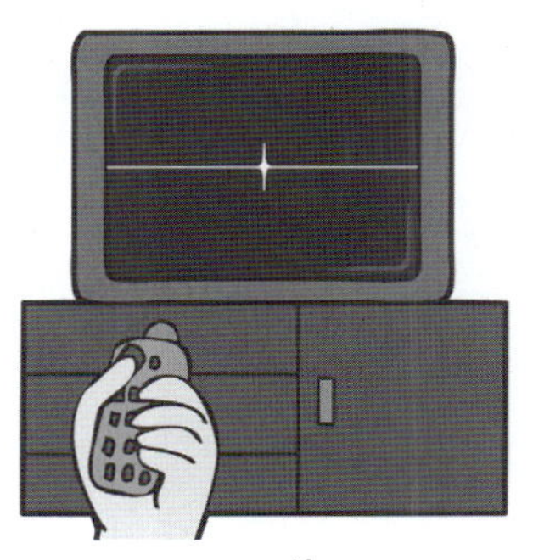

テレビを消す

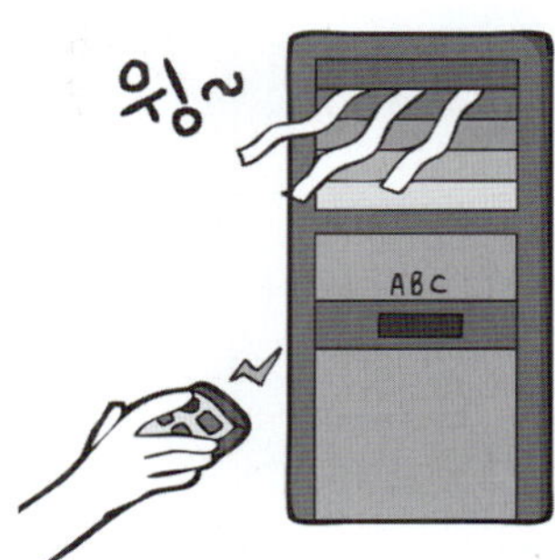

クーラーをつける

この荷物を持つ

タクシーを呼ぶ

この漢字の読み方を教える

写真を撮る

02 아래와 같은 상황일 때, 어떻게 말을 겁니까?

① 선생님이 무거운 짐을
   들고 곤란해하고 있을 때.

② 갑자기 비가 내리는데,
   선배가 우산을 가지고 있지
   않아서 곤란 해하고 있을 때.

③ 선생님이 좀 더 천천히
   말씀해 주셨으면 할 때.

④ 가게에서, 점원에게 물을
   더 달라고 할 때.

⑤ 영화관에서 아이가 시끄럽게
   할 때.

TRY1 자신의 하루를 「〜て」를 사용하여, 설명해 봅시다.

예：朝 7 時に起きて、顔を洗って、ごはんを食べます。

（そして／それから）地下鉄に乗って、〜

TRY2 「〜てください」를 사용하여, 선생님/애인에게 부탁하고 싶은 것을 세 가지 이야기해 봅시다.

・

・

・

※ 애인과 같이 가까운 사이일 경우에는 보통 「ください」를 생략한다.

Memo

中田　　もしもし、キムさん、今 何を していますか。

キム　　あ、もしもし、今、カレーライスを 作っています。
　　　　最近、毎日 自分で 料理を 作って、食べています。

中田　　わあ、今度、ごちそうして ください。

キム　　ええ、いいですよ。

中田　　そういえば、松井さんは 結婚していますが、
　　　　ぜんぜん 家事を しませんよ。

キム　　それは だめですね。

もしもし 여보세요	**カレーライス** 카레라이스	**作る** 만들다	**最近** 최근
自分で 스스로	**料理** 요리	**今度** 다음	**ごちそうする** 대접하다
結婚する 결혼하다	**家事** 집안일	**だめですね** 좋지 않네요	

○1 ～ています ⟨~하고 있습니다/해 있습니다/했습니다⟩

〔動詞(テ형)〕 ています。

〔동사〕   하고 있습니다. / 해 있습니다. / 했습니다.

예:〔진행〕

今、シャワーを あびています。

지금, 샤워를 하고 있습니다.

〔습관〕

毎日、牛乳を 飲んでいます。

매일, 우유를 마시고 있습니다.

〔상태〕

パクさんは 結婚しています。

박 씨는 결혼했습니다.

鈴木さんは お父さんに にていて、ふとっています。

스즈키 씨는 아버지와 닮아서, 살이 쪄 있습니다.

○2 ～が、～ ⟨역설⟩

〔文〕 が、 〔文〕

〔문장〕 이지만 〔문장〕

예: 日本語は 好きですが、むずかしいです。

일본어는 좋아하지만, 어렵습니다.

01 예와 같이 문장을 만들어 말해 봅시다.

예 : 何（なに）をする/料理（りょうり）をする

A : 何（なに）をしていますか。

B : 料理（りょうり）をしています。

今（いま）、何（なに）をする/
レポートを書（か）く

毎日（まいにち）、何（なに）をする/
日本（にほん）のドラマを見（み）る

最近（さいきん）、何（なに）をする/
ダイエットをする

どこに住（す）む/大阪（おおさか）に住（す）む

どこに通（かよ）う/日本語学院（にほんごがくいん）に通（かよ）う

どこで働（はたら）く/SG貿易（ぼうえき）で働（はたら）く

○2 아래의 인물이 어떤 사람인지 설명해 봅시다.

①

②

TRY1 지금은 밤 9시입니다. 이때, 친구에게서 전화가 왔습니다. 친구의 질문에 대답해 봅시다.

「もしもし、(　　　　　)さん。今、何をしていますか?」

·

·

·

·

·

10 ここで食べてもいいですか。
여기에서 먹어도 됩니까?

【장면1】 날씨가 좋은 일요일, 김 씨와 나카다 씨는 공원에서 도시락을 먹기로 했습니다.

キム　　　ここで　お弁当を　食べてもいいですか。

中田　　　ええ、いいですよ。

　　　　　でも、ゴミは　ここに　捨ててはいけません。

キム　　　わかりました。

　　　　　じゃ、あそこで　ジュースを　買って　きましょう。

中田　　　おねがいします。

弁当 도시락	**ゴミ** 쓰레기	**捨てる** 버리다	**わかりました** 알겠습니다
ジュース 쥬스			

○1 ～てもいいです/～てはいけません 〈허가・금지〉

〔動詞(テ형)〕 ＋ もいいです ／ はいけません。

〔동사〕　　　　　　해도 됩니다. ／ 해서는 안 됩니다.

예：ここで、タバコを 吸っても いいですか。

여기에서 담배를 피워도 됩니까?

授業中、話しを しては いけません。

수업 중, 말을 하면 안 됩니다.

○2 ～て行きます/～て来ます 〈~고 갑니다/~고 옵니다〉

〔動詞(テ형)〕 ＋ 行きます ／ 来ます。

〔동사〕　　　　　갑니다. ／ 옵니다.

예：おなかが すいたので、ラーメンを 食べて 行きましょう。

배가 고프니까, 라면을 먹고 갑시다.

ちかくの コンビニで、ビールを 買って 来てください。

가까운 편의점에서 맥주를 사 와 주세요.

01 예와 같이 문장을 만들어 말해 봅시다.

예：このケーキを食べる/はい/いいえ

A：このケーキを食べてもいいですか。

B：はい、食べてもいいです。

いいえ、食べてはいけません。

この薬を飲む/はい/いいえ

ここに車を止める/
はい/いいえ

辞書を見る/はい/いいえ

ここにゴミを捨てる/
はい/いいえ

あしたの授業を休む/
はい/いいえ

ここでたばこを吸う/
はい/いいえ

TRY1　① 시험보는 중에 해도 되는 것·해서는 안 되는 것을 3가지 예를 들어 봅시다.

　　　　　·

　　　　　·

　　　　　·

　　　　② 미술관에서 해도 되는 것·해서는 안 되는 것을 3가지 예를 들어 봅시다.

　　　　　·

　　　　　·

　　　　　·

Memo

キム　　今朝、地下鉄の　中で、財布を　なくして　しまいました。

職員　　どんな　財布ですか。

キム　　黒くて　小さな　財布です。

　　　　財布の　中に　身分証明書や　カードが　入っています。

職員　　では、保管所を　見て　みましょう。

　　　　〈しばらくして〉

　　　　これですか。

キム　　あ、それです。

　　　　ありがとうございます。

今朝 오늘 아침	**地下鉄** 지하철	**財布** 지갑	**なくす** 잃어 버리다
黒い 검다	**身分証明書** 신분증	**カード** 신용카드	**入る** 들다
保管所 보관소			

01 ～てしまう 〈완료/후회〉

〔動詞(テ형)〕 ＋ しまいます。

〔동사〕　　　　　 해 버리다.

예: 宿題を 家に 忘れて しまいました。

숙제를 집에 두고 와 버렸습니다.

きのうも、たくさん 飲んじゃった。

어제도 많이 마셔버렸다.

※「てしまう・でしまう」는 회화체에서「ちゃう・じゃう」가 된다.

02 ～てみる 〈시도〉

〔動詞(テ형)〕 ＋ みます。

〔동사〕　　　　　 해 보다.

예: 来年は 日本語能力試験 2級を 受けてみます。

내년엔 일본어능력시험 2급을 봐 보겠습니다.

01 예와 같이, 문장을 이어나가 봅시다.

예 : たいせつにしていた 指輪（ゆびわ）を、

→ たいせつにしていた 指輪（ゆびわ）を、なくしてしまいました。

ダイエットをしていたが、

一年間（いちねんかん）つきあった 彼（かれ）と、

好（す）きだったドラマが、

覚（おぼ）えた 漢字（かんじ）を、

悲（かな）しい 映画（えいが）を 見（み）て、

三日前（みっかまえ）に 卒業論文（そつぎょうろんぶん）を、

TRY1 앞으로 해보고 싶은 것을 「～てみる」를 사용하여, 생각해 봅시다.

·

·

·

TRY2 어느 장소에서 소중한 물건을 잃어버렸습니다.

【장면2】를 참고하면서, 분실물센터, 또는 경찰서에서 그 잃어버린 물건에 대해 설명해 봅시다.

A : 중요한 것을 잃은 사람

B : 분실물센터 직원 또는 경찰관

Memo

감기..
지하철
본문해석
?
고향?
마츠에

01 わたしは<ruby>学生<rt>がくせい</rt></ruby>です。

나는 학생입니다.

【장면1】

김	처음 뵙겠습니다.
	저는 김운재입니다.
나카다	처음 뵙겠습니다.
	저는 나카다 유카입니다.
	김 씨는 학생입니까?
김	네, 그렇습니다. 저는 학생입니다.
	나카다 씨는 학생입니까?
나카다	아니요, 그렇지 않습니다.
	저는 학생이 아닙니다. 회사원입니다.
	아무쪼록 잘 부탁드립니다.

【장면2】

나카다	이쪽은 친구인 마츠이 씨입니다.
마츠이	안녕하세요.
	처음 뵙겠습니다. 마츠이 타카시입니다.
김	처음 뵙겠습니다. 저는 김운재입니다.
	한국인이고, 한진대학 학생입니다.
마츠이	그렇습니까? 김 씨는 몇 학년입니까?
김	2학년입니다. 마츠이 씨는 학생입니까?
마츠이	아니요, 그렇지 않습니다.
	FUJI무역의 회사원입니다.
김	그런데 마츠이 씨의 취미는 무엇입니까?
마츠이	저의 취미는 스포츠입니다.

02 これは<ruby>何<rt>なん</rt></ruby>ですか

이것은 무엇입니까?

【장면1】

김	나카다 씨, 이것은 무엇입니까?
나카다	그것은 츄하이입니다.
김	아~, 이것이 츄하이입니까?
	그럼, 맥주는 어느 것입니까?
나카다	저것이 맥주입니다.
김	이것도 일본 맥주입니까?
나카다	아니요, 그렇지 않습니다.
	그 맥주는 독일 것입니다.

【장면2】

김	저기요, 이것은 일본어로 무엇입니까?
점원	그것은 타이야끼입니다.
김	아~, 이것이 일본의 타이야끼입니까?
	그럼, 타이야끼를 3개 주세요.
	그리고 그 타코야끼도 하나 부탁합니다.
	얼마입니까?
점원	감사합니다.
	타이야끼와 타코야끼죠.
	전부 합해서 600엔입니다.

O3 エレベーターの左にあります

엘리베이터의 왼쪽에 있습니다.

【장면1】

김	저…, 저기요.
	화장실은 어디에 있습니까?
점원	저기에 엘리베이터가 있습니다.
	그 엘리베이터 옆입니다.
김	엘리베이터 옆입니까?
점원	네, 엘리베이터의 왼쪽에 있습니다.
김	감사합니다.
점원	천만에요.

【장면2】

나카다	김 씨의 가족은 몇 명입니까?
김	저의 가족은 5명입니다.
	아버지와 어머니와 누나와 남동생과
	저입니다.
나카다	이 사진에서 앞에 있는 분은 어느 분입니까?
김	아버지와 어머니입니다. 어머니 뒤어 누나가
	있습니다.
나카다	그럼, 누나의 옆은 남동생이군요.
김	그렇습니다.
나카다	강아지나 고양이는 있습니까?
김	아니요, 애완동물은 없습니다.

O4 何時から何時までですか。

몇 시부터 몇 시까지입니까?

【장면1】

김	모리 선생님, 지금 몇 시입니까?
모리선생님	4시 30분이에요.
	지금부터 수업이 있습니까?
김	아니요, 수업은 없습니다.
	아르바이트가 있습니다.
모리선생님	몇 시부터 몇 시까지입니까?
김	5시부터 9시까지입니다.
모리선생님	무슨 아르바이트입니까?
김	편의점 점원입니다.

【장면2】

김	나카다 씨 회사의 여름휴가는
	언제입니까?
나카다	8월 3일부터 8일까지입니다.
김	그럼 이번 주 토요일부터 다음 주 수요일
	까지군요.
나카다	네, 작년에는 일주일간이었지만, 올해는
	5일간입니다.
	김 씨는요?
김	저는 여름방학이 없습니다.
	하지만 오늘부터 모레까지 수업은 휴강
	입니다.

05 お酒をよく飲みますか。

술을 잘 마십니까?

【장면1】

나카다　김 씨는 술을 잘 마십니까?

김　가끔 마십니다.

　　　나카다 씨는요?

나카다　저는 별로 마시지 않습니다.

　　　무엇을 마십니까?

김　맥주나 와인이나 소주를 마십니다.

나카다　누구와 마십니까?

김　친구와 함께 마십니다.

나카다　어디에서 마십니까?

김　집 가까이에 선술집이 있어서 거기에서

　　　마십니다.

【장면2】

김　주말에는 무엇을 했습니까?

나카다　남자친구와 데이트를 했습니다.

김　어디에 갔습니까?

나카다　영화관에서 영화를 봤습니다.

김　그리고요?

나카다　요코하마까지 드라이브했습니다.

　　　조금 피곤했습니다. 하루종일 놀아서요.

　　　김 씨는요?

김　흠~, 저는 집에 있었습니다.

　　　하지만 공부는 전혀 하지 않았습니다.

06 いっしょに行きませんか。

같이 가지 않겠습니까?

【장면1】

김　이번에 가마쿠라에 가고 싶습니다.

　　　나카다 씨, 같이 절이나 신사를 보러가지

　　　않겠습니까?

나카다　좋아요.

　　　꼭 갑시다.

김　가마쿠라를 걸으면서 일본의 역사나

　　　문화를 알고 싶습니다.

나카다　언제 갑니까?

김　다음 주 일요일은 어떻습니까?

나카다　그럼, 어디에서 만날까요?

김　도쿄역 니혼바시입구에서 10시에 만납시다.

【장면2】

김　이 노래는 부르기 쉽습니까?

나카다　음~, 조금 부르기 힘듭니다만, 인기가

　　　있습니다.

김　그럼 한 곡 더 부릅시다.

나카다　김 씨는 벌써 10곡째에요.

　　　목은 괜찮습니까?

김　네, 물을 먹고 싶습니다.

　　　오늘은 좀 너무 많이 불렀네요.

07 キムチチゲはおいしいですか

김치찌개는 맛있습니까?

【장면1】

김　그 김치찌개는 맛있습니까?
　　조금 맵지 않습니까?

나카다　아니요, 맵지 않아요.

김　여기는 싸고 맛있는 가게입니다.
　　무언가 마시겠습니까?

나카다　글쎄요. 막걸리와 소주 중 어느 쪽이
　　강합니까?

김　어느 쪽도 강합니다만, 막걸리보다
　　소주 쪽이 강합니다.

나카다　그럼, 소주 주세요.

김　괜찮겠습니까?

【장면2】

나카다　조금 전에 '해리포터'는 재미있었습니까?

김　매우 재미있었습니다만, 별로 무섭지
　　않았습니다.

나카다　네, 그렇네요.

김　하지만 시리즈 중에서 이것이 가장
　　좋았습니다.

나카다　김 씨는 어디가 좋았습니까?

김　음~, 주인공이 귀여웠습니다.

08 きれいで静かな町です。

아름답고, 조용한 도시입니다.

【장면1】

김　모리 선생님의 고향은 어디입니까?

모리선생님　시마네현의 마츠에입니다.

김　그곳은 어떤 도시입니까?

모리선생님　매우 아름답고, 조용한 도시입니다.
　　하지만 교통은 그리 편리하지 않습니다.
　　신지 호수의 바지락과 이즈모 신사가
　　유명합니다.
　　이즈모 신사에는 연분을 맺어 주는
　　신이 있습니다.

【장면2】

나카다　저는 고등학교 수업 중에서 수학이
　　싫었습니다.

김　그렇습니까?
　　저는 수학과 물리를 잘했습니다.
　　나카다 씨가 좋아하는 과목은
　　무엇이었습니까?

나카다　음악을 좋아했습니다.

김　그래서 노래를 잘하는군요.
　　저는 노래를 잘 못해서, 어릴 적에는
　　좋아하지 않았습니다.

나카다　하지만 노래방에서는 잘하던데요.

김　네, 지금은 아주 좋아하게 되었습니다.

O9 すぐに寝てください。

바로 주무세요.

【장면1】

김 　　감기에 걸려서 몸이 조금 좋지 않습니다.

나카다 　병원에 가서 약을 받았습니까?

김 　　아니요, 아직 가지 않았습니다.

나카다 　그럼, 제가 약을 줄까요?

김 　　약은 벌써 샀습니다.

나카다 　그렇습니까?

　　　　빨리 집에 돌아가서, 약을 먹고 나서, 바로

　　　　주무세요.

　　　　몸조리 잘하세요.

김 　　고맙습니다.

【장면2】

나카다 　여보세요. 김 씨, 지금 무엇을 하고

　　　　있습니까?

김 　　아, 여보세요. 지금 카레라이스를

　　　　만들고 있습니다.

　　　　최근, 매일 스스로 요리를 만들어

　　　　먹고 있습니다.

나카다 　와~, 다음에 대접해 주세요.

김 　　네, 좋아요.

나카다 　그러고보니, 마츠이 씨는 결혼했는데,

　　　　전혀 집안일을 하지 않아요.

김 　　그건 좋지 않네요.

1O ここで食べてもいいですか。

여기에서 먹어도 됩니까?

【장면1】

김 　　여기에서 도시락을 먹어도 됩니까?

나카다 　네, 괜찮아요.

　　　　하지만 쓰레기는 여기에 버리면 안 됩니다.

김 　　알겠습니다.

　　　　그럼 저기에서 쥬스를 사 올께요.

나카다 　부탁합니다.

【장면2】

김 　　오늘 아침, 지하철 안에서 지갑을

　　　　잃어버렸습니다.

직원 　　어떤 지갑입니까?

김 　　검고 작은 지갑입니다.

　　　　지갑 안에 신분증과 카드가 들어있습니다.

직원 　　그럼, 보관소를 살펴봅시다.

　　　　〈잠시 후〉

　　　　이것입니까?

김 　　아, 그것입니다.

　　　　감사합니다.

초급 일본어 길라잡이

초판 1쇄 발행일 2009년 8월 25일
초판 2쇄 발행일 2010년 8월 16일

지은이 임명수·차일근·최석완·이마이 히사요시·하세가와 유미·하야시 토모코
펴낸이 박영희
편집 이선희
표지 강지영
교정·교열 이은혜
책임편집 강지영
일러스트 변아롱
CD제작 대신미디어
펴낸곳 도서출판 어문학사
　　　　132-891 서울특별시 도봉구 쌍문동 525-13
　　　　전화: 02-998-0094 / 팩스: 02-998-2268
　　　　홈페이지: www.amhbook.com
　　　　e-mail: am@amhbook.com
　　　　등록: 2004년 4월 6일 제7-276호

ISBN 978-89-6184-095-8 08730
정가 15,000원

※잘못 만들어진 책은 교환해 드립니다